润泽学校"七色光"系列校本课程

生活游戏

SHENGHUO YOUXI

一年级

刘艳平 刘正波 主编

南京大学出版社

目录
Contents

1 音乐律动小天地

运动康复训练营 2

3

社会交往俱乐部

艺术天才创造园

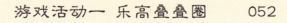

4

5

趣味科学实验室

CHAPTER 1

音乐律动小天地

通过音乐实践活动，在感受、体验音乐美感的过程中，帮助学生感受、发现、领略音乐艺术的魅力，提高其听觉、认知、语言、动作、沟通交往等方面的能力，培养音乐兴趣，增强对生活的体验感。实现唱游与律动课程在育人过程中的教育和康复功能，达到愉悦身心、发展智能、陶冶情操、健全人格的目的。

游戏活动 一

小老鼠上灯台

游戏目标 ⭐

01

通过交互游戏，掌握并演绎2/4拍节奏规律

02

通过拍手的声势律动，感受音乐节奏特点

03

感受音乐游戏中小老鼠的心理变化

游戏准备

音频《小老鼠上灯台》、两张凳子

01 / 两位游戏者相对而坐，听到前奏，随着音乐摇头律动。

02 / 一位游戏者伸出双手，上下交叉，形成"="字形。

03 / 另一位游戏者随歌词节奏按上、中、下三个方向拍手。

04 / 两位游戏者交换顺序。

05 / 两位游戏者同时转手，用身体动作表现歌词"叽里咕噜"。

06／摊手，做无奈表情，表演歌词"小老鼠滚下来"。

指 导 建 议

1.注意歌词的演唱与手部动作协调配合。
2.动作交换时注意引导配合，增强默契感。

教 学 脚 本

　　教师：小朋友们好，欢迎大家来到音乐律动小天地，今天我们来玩"小老鼠上灯台"的游戏。我们一起来看看游戏的玩法吧！（播放视频）

　　小朋友们喜欢这个游戏吗？快来加入我们吧。首先我们需要两位小朋友面对面坐下。当音乐前奏响起时，随着音乐律动摇头。然后其中一位小朋友伸出双手，上下交叉，形成"＝"字形；另一位小朋友随歌词节奏按上、中、下三个方向拍手；到下一句歌词时双方交换顺序；用转手表现歌词"叽里咕噜"，再摊手，做无奈表情，表演歌词"小老鼠滚下来"。

　　小朋友们，你们学会了吗？现在我们一起来玩游戏吧！

游戏活动 二
比一比谁更长

游戏目标 ★

01

通过认知训练提高游戏者对动物特征的观察能力

02

通过模仿练习来记忆四个小动物的特征
训练语言"谁的**长又长？"

03

通过对同段旋律不同内容
进行填词训练来强化乐感

游戏准备

音频《长又长》

01 / 游戏者相对而坐，前奏响起，跟随音乐进行上下耸肩练习。

02 / 右手放于耳朵前，做"听"的动作，演绎歌词"谁的……？"。

03 / 双手交叉放于鼻子前方，伸直双手左右摇晃模仿大象的鼻子。

04 / 双手做剪刀状，竖于头上方，模仿兔子的耳朵。

05 / 双手上下平行于锁骨与下颚,测量脖子长度,模仿长颈鹿的长脖子。

06 / 右手放于额前模仿猴子动作,左手放于屁股后模仿猴子尾巴,重点突出左手摆动的尾巴。

指导建议

1.反复熟悉四种动物——大象、兔子、长颈鹿、猴子，加强认知训练。

2.练习句子，带入歌词演唱："谁的**长又长。"

3.利用相同旋律，自由创编歌词内容，"谁的**圆又圆？谁的**红又红？谁的**扁又扁？"

教师：小朋友们好，欢迎大家来到音乐律动小天地，今天我们要来玩"比一比谁更长"的游戏。我们一起来看看游戏的玩法吧！（播放视频）

动物王国里来了四位新朋友。他们的特点是身体的某个部位特别长，来看看今天都来了哪些小动物呢，我们一起在音乐当中找一找吧。

原来歌曲当中出现了长鼻子的大象、长耳朵的兔子、长脖子的长颈鹿和长尾巴的猴子，你们发现了吗？今天，我们就来学一学《长又长》。

我们怎么模仿大象呢？将我们的双手交叉放于鼻子前方，伸直双手左右摇晃模仿大象的鼻子。

我们怎么模仿兔子呢？双手做剪刀状，比一个V，竖于头上方，模仿兔子的耳朵。

我们怎么模仿长颈鹿呢？双手上下平行于锁骨与下颚，测量脖子长度，模仿长颈鹿的长脖子。

我们怎么模仿猴子呢？右手放于额前模仿猴子动作，左手放于屁股后模仿猴子尾巴，重点突出左手摆动的尾巴。

小朋友们，你们学会了吗？现在我们一起来玩游戏吧！

游戏活动 三

布谷鸟在唱歌

01

锻炼专注力、手眼协调能力
增强韵律感

02

运用声势模仿布谷鸟的叫声
感受歌曲4/4拍的节奏

03

在敲击节奏的同时
感受音乐游戏带来的快乐

游戏准备

音频《布谷鸟》、四个空盘子、
六个球状物（如橘子、乒乓球等）

01 / 游戏者在前奏响起时随着音乐摇头感受节奏。

02 / 游戏者跟随音乐按从左到右的顺序依次完成声势律动。
（空盘代表用手指，红色的球代表拍手，绿色的球代表拍桌子）

03 / 可根据游戏者的学习能力调整小球的数量，需按照小球数量拍手。如：一个小球拍一次手，两个小球拍两次手。

1.初次玩游戏前，先反复欣赏歌曲，熟悉音乐的节奏。
2.可根据游戏者能力水平调整小球数量，由易到难变换游戏难度。

教师：小朋友们好，欢迎大家来到音乐律动小天地，今天我们要和一只会唱歌的布谷鸟一起做游戏！我们一起来看看游戏的玩法吧！（播放视频）

在游戏开始前需要大家准备一些物品，首先我们要准备四个空盘子、两种不同颜色的小球。请老师或者爸爸妈妈将小球按照视频示范的样子放进空盘子中。一个小球代表一个四分音符，两个小球代表两个八分音符。现在，让我们和布谷鸟一起歌唱吧！

游戏开始，我们先按照从左到右的顺序进行，当遇到空盘子时我们用手指一指，遇到一个红色的小球我们拍一次手，遇到两个红色的小球我们拍两次手，遇到绿色的小球时我们就拍拍桌子。

小朋友们，你们学会了吗？现在我们一起来玩游戏吧！

游戏活动 四

欢乐的棒棒糖

游戏目标 ★

01

感受音乐中的强弱、渐强和渐弱

02

学习演奏乐器非洲鼓

03

通过声势和乐器相结合
增强音乐感受能力和表现能力

游戏准备

音频《棒棒糖》、两个非洲鼓

01 / 游戏者面对面坐在非洲鼓两边，前奏时，一起跟随音乐节奏双手击鼓面。

02 / 听到歌词"loli loli loli loli"时，跟随音乐节奏双手击鼓面4下；听到歌词"pop pop pop"时，面对面互相击掌3下。

03／跟随歌词提示，游戏者双手举起，点一点头。
（所有"loli"对应动作击鼓面，"pop"对应动作击掌）

04／跟随歌词提示，游戏者双手放下，起身踏踏脚。

05 听到歌词"小声"时，游戏者击鼓面4下后做"嘘"的动作。

06 听到歌词"大声"时，游戏者击鼓面4下后用力大声击掌3下。

1.感受音乐强弱对比，引导游戏者做出相应的动作。

2.多练习，提高双方配合的默契程度。

教学脚本

　　教师：小朋友们好，欢迎大家来到音乐律动小天地，今天的音乐游戏名字叫作"欢乐的棒棒糖"。我们一起来看看游戏的玩法吧！（播放视频）

　　听音乐，前奏响起时，我们跟随音乐节奏双手击鼓面。仔细听，歌词唱到"loli loli loli loli"时，我们要跟随音乐节奏双手击鼓面四下；歌词唱到"poppop pop"时，击掌三下。接着，跟随歌词提示，我们一起边唱边做"双手举起，点一点头，双手放下，起身踏踏脚"的动作。

　　棒棒糖有大有小，我们的声音也要跟着变换。当歌词唱到"小声"时，我们击鼓面四下后做"嘘"的动作；当歌词"大声"时，我们击鼓面四下后用力大声击掌三下。

　　小朋友们，你们学会了吗？现在我们一起来玩游戏吧！

CHAPTER 2

运动康复训练营

运动康复训练营秉承"快乐运动，健康成长"的教学理念，通过游戏化、情景化、生活化的活动，培养游戏者对运动项目的兴趣，促进其粗大动作、精细动作、动作协调性等多方面能力的提升，使其养成体育锻炼和健康生活的习惯。

游戏活动 一

小老鼠躲飞盘

游戏目标 ★

01

提高下肢的弹跳能力

02

增强对身体的控制能力

游戏准备

场地：开阔、防滑、四周无尖锐物品

器材：飞盘

服装：运动服、运动鞋

游戏步骤

第一种　躲飞盘

01 游戏者面对面间隔2米左右站立。

02 一名游戏者将飞盘沿着地面飞向对面的游戏者，对方快速跳起躲避。

游戏步骤

第一种　踩飞盘

01 游戏者面对面间隔2米左右站立。

02 一名游戏者将飞盘沿着地面飞起，在飞盘接近时，另一名游戏者抬起一只脚快速踩住飞盘，左右脚可轮换踩。

指导建议

1.在躲避飞盘的过程中注意安全，防止绊倒。

2.扔飞盘的速度不可太快，以防出现安全事故。

教师：小朋友们好，欢迎大家来到运动康复训练营，今天我们来玩"小老鼠躲飞盘"的游戏。我们一起来看看游戏的玩法吧！（播放视频）

首先，我们需要找一个安全的运动场地，保证四周无尖锐物品。其次，还需要准备一些飞盘。接下来，就开始我们的游戏吧！

第一种，躲飞盘。大家间隔2米左右面对面站立，老师将飞盘沿着地面飞起，小朋友要快速跳起躲避，速度逐渐加快。活动主要锻炼下肢力量、反应速度和协调能力，每次练习了3~5组，每组10次。

第二种，踩飞盘。大家间隔2米左右面对面站立，老师将飞盘沿着地面飞过，在飞盘接近时，小朋友要抬起脚快速踩住飞盘，可左右脚轮换踩，每次练习3~5组，每组10次。

小朋友们，你们学会了吗？现在我们一起来玩游戏吧！

游戏活动 二

小猴子拍气球

游戏目标 ⭐

01

提高手眼协调能力

02

提高上肢动作精细度

游戏准备

场地：开阔、四周没有尖锐物品

器材：气球/塑料袋

服装：运动服、运动鞋

第一种　对拍

01 / 游戏者面对面间隔2米左右站立。

02 / 游戏者进行气球互拍，你来我往，你拍给我，我拍给你。

游戏步骤

第一种　互抛互接

01 / 游戏者面对面间隔2米左右站立。

02 / 游戏者同时将气球向正上方抛起，然后互换位置接到对方正在落下的气球。

1.对拍气球时，游戏者可根据实际情况调节拍球的高度，如气球高度不够，可协助其向上拍。

2.若家里无气球，也可以用塑料袋等相关物品代替。

教师：小朋友们好，欢迎大家来到运动康复训练营，今天我们来玩"小猴子拍气球"的游戏。我们一起来看看游戏的玩法吧！（播放视频）

首先，我们需要找一个安全的运动场地，保证四周无尖锐物品。其次，还需要准备一个气球。接下来，一起开始我们的游戏吧。

第一种，对拍。首先，两个人间隔2米左右面对面站立。一人发球，另一人接住球后拍给对方，你来我往，你拍给我，我拍给你。

第二种，互抛互接。同样，两个人间隔2米左右面对面站立，两人同时将气球向正上方抛起，然后跑到对方位置接到对方正在落下的气球。

小朋友们，你们学会了吗？现在我们一起来玩游戏吧！

游戏活动 三

毛毛虫爬呀爬

游戏目标 ★

01

提高躯干的控制力量

02

提高上下肢的协调性

游戏准备

场地：开阔、平坦、四周没有尖锐物品

器材：踩踏石

服装：运动服、运动鞋

01／**第一种：蛇形爬**。面向踩踏石，手膝着地，来回穿梭，依次通过踩踏石间隙。（来回为1组，每次练习3~5组）

02／**第二种：蜘蛛爬**。面向踩踏石，四肢着地，抬高身体，手脚配合向前爬行。（来回为1组，每次练习3~5组）

03 第三种：螃蟹爬。侧向踩踏石，四肢着地，抬高身体，双手、双脚配合，像螃蟹一样左右爬。（来回为1组，每次练习3~5组）

指导建议

1.注意爬行时，身体尽量不碰到踩踏石。

2.若游戏者躯干力量较弱，可将蜘蛛爬和螃蟹爬中的四肢着地改为手膝着地。

教学脚本

教师：小朋友们好，欢迎大家来到运动康复训练营，今天我们来玩"毛毛虫爬呀爬"的游戏。我们一起来看看游戏的玩法吧！（播放视频）

首先，我们需要找一个安全的运动场地，保证四周没有尖锐物品。其次，还需要准备一些踩踏石，并将踩踏石间隔一定距离摆放。接下来，一起开始我们的游戏吧！

第一种，**蛇形爬**。面向踩踏石，手膝着地，来回穿梭，依次通过踩踏石间隙。来回为1组，每次练习3~5组。

第二种，**蜘蛛爬**。面向踩踏石，四肢着地，抬高身体，手脚配合向前爬行。来回为1组，每次练习3~5组。

第三种，**螃蟹爬**。侧向踩踏石，四肢着地，抬高身体，双手、双脚配合，像螃蟹一样左右爬。来回为1组，每次练习3~5组。

小朋友们，你们学会了吗？现在一起来玩游戏吧！

游戏活动 四

小青蛙跳荷叶

游戏目标 ★

01

提高躯干的灵活度及协调性

02

提高整体动作的精细度

游戏准备

场地：开阔、四周无尖锐物品

器材：彩色卡纸、纸板

服装：运动服、运动鞋

游戏步骤

01／ **第一种：上下跳**。将几片荷叶叠在一起，小青蛙站在叠好的荷叶上，抽荷叶的时候小青蛙起跳，抽走后落下。全部抽走后，开始往小青蛙的脚底下放荷叶，放荷叶的时候起跳，放好后落下。

02／ **第二种：左右跳**。将几片荷叶左右向前依次排开，小青蛙半蹲在荷叶上，向左前方和右前方连续跳跃。

03 / 第三种：**移动前跳**。将2片荷叶前后摆放，连续前跳2片荷叶，跳完第2片荷叶后，将身后的荷叶移到身前，然后继续移，继续跳，可循环往复跳。

指导建议

1.上下跳时需要注意互相配合，保证安全。

2.荷叶的位置可根据游戏者跳远的距离摆放。

教学脚本

教师：小朋友们好，欢迎大家来到运动康复训练营，今天我们来玩"小青蛙跳荷叶"的游戏。我们一起来看看游戏的玩法吧！（播放视频）

首先，我们需要找一个安全的运动场地，保证四周没有尖锐物品。其次，还需要准备几张纸板当作荷叶。接下来，一起开始我们的游戏吧。

第一种，**上下跳**。将几片荷叶叠在一起，小青蛙站在叠好的荷叶上，抽荷叶的时候小青蛙起跳，抽走后落下。全部抽走后，开始往小青蛙的脚底下放荷叶，放荷叶的时候起跳，放好后落下。

第二种，**左右跳**。将几片荷叶左右依次排开，小青蛙半蹲在荷叶上，一步一跳，向左前方和右前方连续跳跃。

第三种，**移动前跳**。将2片荷叶前后摆放，连续前跳2片荷叶，跳完第2片荷叶后，将身后的荷叶移到身前，然后继续移，继续跳，可循环往复跳。

小朋友们，你们学会了吗？现在我们一起来玩游戏吧！

CHAPTER 3

社会交往俱乐部

　　社会交往游戏有助于游戏者探索世界，学习社交技能和策略，并建立自信心和勇气。在这个过程中，游戏者可以学习如何与人建立亲密关系，满足其对亲密情感联结的需求。还可以通过模仿各种人物形象的动作、语言、表情和事件，积极再现现实生活，放松身心，疗愈自己。同时，还能促进语言和认知发展。

我会照镜子

游戏目标 ⭐

01

学会关注他人的变化

02

模仿他人的表情、动作

游戏准备

空旷的空间，在地上放一条绳子作为中线

游戏步骤

01 / 游戏者面对面站好。

02 / 一个人来照镜子，做一个动作，另一个人来当镜子，跟着做一样的动作。

03 / 交换角色。一个人来照镜子，做一个动作，另一个人来当镜子，跟着做一样的动作。

1.动作可以是点头、拍手、左右前后移动身体、转身或用手拍身体部位等。

2.开始时指导者的示范可以放慢速度并多次重复动作。

3.如果游戏者的表达能力强，可让其边模仿边说出动作。

4.如果边做边说出动作无法跟上时，可手把手指导，逐渐地撤销提示，并且加快动作的速度。

教学脚本

教师：小朋友们好，欢迎大家来到社会交往俱乐部，今天我们来玩"我会照镜子"的游戏。我们一起来看看游戏的玩法吧！（播放视频）

首先，我们需要两个人一组，面对面站好，其中一个人当镜子，另一个人照镜子。

现在请你先来当镜子，我来照镜子。

第一个动作：伸出手臂。

第二个动作：整理衣领。

第三个动作：叉腰。

第四个动作：转一圈。

现在我来当镜子，请你来照镜子。

第一个动作：摸肩膀。

第二个动作：伸出两根手指比耶。

小朋友们，你们学会了吗？现在我们一起来玩游戏吧！

游戏活动 二
猜猜我是谁

01

关注他人和动物

02

学会模仿动物发声

02

增强等待的意识

游戏准备

不同动物的叫声音频

狗——汪汪　山羊——咩咩　鸭——嘎嘎　猫——喵喵

鸡——咯咯哒　牛——哞哞　狼——嗷呜　老鼠——吱吱

01 / 模仿动物声音和动作，如发出"汪汪"声。

02 / 对方说出对应的动物名称，如"小狗"。

03 / 一起模仿动物的声音和动作。

04 / 互换角色，一人模仿动物声音和动作，一人说出动物名称。

05 / 一起模仿动物的声音和动作。

1.在模仿完声音后可以互相提问相关信息，增强游戏者对动物的了解。

2.游戏者可以轮流模仿和猜动物，不断增加难度。

3.可以变换更多其他的声音，不限于以上动物。

教学脚本

教师：小朋友们好，欢迎大家来到社会交往俱乐部，今天我们来玩"猜猜我是谁"的游戏。我们一起来看看游戏的玩法吧！（播放视频）

首先我会模仿一种小动物，请你来猜猜这是什么小动物，汪汪汪……

学生1：是小狗！

教师：你答得真棒！现在我们一起来模仿小狗吧！汪汪汪……

教师：接下来让我们猜猜下一个出场的是谁，喵喵喵……

学生2：是小猫！

教师：你答得真快！现在我们一起来模仿小猫吧！喵喵喵……

现在请你来模仿一种小动物，让我们也来猜一猜吧！

学生1：咯咯咯……

学生2：是公鸡！

学生1：你真棒！

教师：现在我们一起来模仿大公鸡吧！咯咯咯……

请你也来模仿一种小动物。

学生2：呱呱呱……

学生1：是青蛙！

学生2：你真棒！

教师：现在我们一起来模仿小青蛙吧！呱呱呱……

教师：哇，你们学得真像！大家以后也可以多观察和模仿小动物哦。

小朋友们，你们学会了吗？现在我们一起来玩游戏吧！

游戏活动 三

快乐抓尾巴

游戏目标 ★

01

锻炼闪、追、跑、抓等反应力

02

增强社会交往互动能力

游戏准备

尾巴（带子、绳子、丝巾、毛巾等长条形物品）、口哨

游戏步骤

01 / 所有人都系一条尾巴放到身后。

02 / 手拉手，背对背站好，听口令。

03 / 听到哨声（口令）后同时往一个方向转动。

04 / 再次听到哨声（口令）开始互相拽对方的尾巴，先拽下尾巴的人获胜。

指导建议

可以变换速度来锻炼灵敏度，也可从一根尾巴逐渐过渡到多根尾巴进行游戏。

教学脚本

教师：小朋友们好，欢迎大家来到社会交往俱乐部，今天我们来玩"快乐抓尾巴"的游戏。我们一起来看看游戏的玩法吧！（播放视频）

第一，准备一根尾巴，将它放到身后。

第二，手拉手背对背站好，听哨声挪动身体。

第三，听哨声抓住尾巴，谁先抓到谁就获得胜利！

小朋友们，你们学会了吗？现在我们一起来玩游戏吧！

游戏活动 四

巨人和矮人

01

锻炼听指令做动作的能力

02

增强理解规则的能力

游戏准备

空旷场地（周围无尖锐物品）、椅子

游戏步骤

01 / 围圈坐好，发出指令："现在我们一起动起来吧！"

02 / 游戏者们双手抱拳，放在胸前。

03 / 发出指令，一起做变大——双手打开，举高到头顶。

04 / 变小——双手收回，放回胸前。

05 / 我变变变变成大巨人——站起来，双手打开。

06 / 我变变变变成小矮人——坐下，双手收回。

07 / 变到不见了——低头，双手抱膝盖。

指导建议

1.可以规定同时做哪一个动作，口令停止要保持动作。

2.熟悉规则和口令后，可以互相发指令，或做得好的人来发指令。

教师：小朋友们好，欢迎大家来到社会交往俱乐部，今天我们来玩"巨人和矮人"的游戏。我们一起来看看游戏的玩法吧！（播放视频）

首先，我们要双手握拳，放在胸前。

然后，双手打开，变大，双手收回，变小。

站起来，双手打开，变成大巨人。

双手收回，坐下，变成小矮人。

最后，低头，双手抱膝盖，变到不见了。

现在我们一起动起来吧！

变大变小，变大变小，我变变变，变成大巨人；我变变变，变成小矮人；我变大，变小，变大，变小，变到不见了。

小朋友们，你们学会了吗？现在我们一起来玩游戏吧！

CHAPTER 4

艺术天才创造园

绘画与手工活动课程强调视觉感知能力的培养，在比较色彩、造型、构图、材料质地的过程中，能够发现美、感知美，发展审美情趣，在活动过程中一起体验美、表现美，提高审美能力，形成积极、友善、合作、分享等品质。积极参与活动，体验学习的快乐与满足，调整情绪，尝试表现个性与创意，自由表达情感。

乐高叠叠圈

游戏目标 ⭐

01

通过乐高活动锻炼手部能力

02

在游戏中感受创作的乐趣

游戏准备

乐高块、乐高拼接板、投掷圈

01 / 先示范叠一幢乐高柱。

02 / 一起合力拼接乐高柱。

03 / 进行投圈游戏。

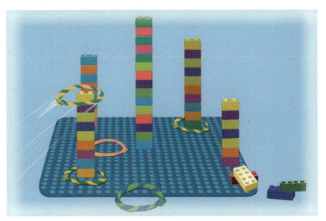

指 导 建 议

乐高可进行自由拼接，长度与宽度可自由调整，适当增减游戏难度。

教 学 脚 本

教师：小朋友们好，欢迎大家来到艺术天才创造园，今天我们来玩"乐高叠叠圈"的游戏。我们一起来看看游戏的玩法吧！（播放视频）

需要提前准备好乐高块、乐高拼接板、投掷圈。

首先，我们需要在乐高拼接板上把乐高叠高，拼出一个乐高柱。

可以多拼几个不同的乐高柱，柱与柱之间的间隔距离大一些。

拼乐高时，有些可以拼高些，也可以拼矮些，发挥自己的创造力吧。

最后，拿出我们的投掷圈，通过投掷套中乐高柱就可以啦。

小朋友们，你们学会了吗？现在我们一起来玩游戏吧！

游戏活动 二

吹出小怪兽

游戏目标 ★

01

体会色彩的丰富多样

02

感受用不同材料创作的乐趣

游戏准备

吸管、水粉、白纸、水、水粉笔、调色盘、眼睛贴纸

游戏步骤

01 / 颜料加水稀释。

02 / 取不同颜色的颜料水，分散涂在白纸上。

03 / 吸管对准从不同方向吹颜料。

04 / 将眼睛贴纸贴在小怪物的脸部。

指导建议

　　小怪物的形体、大小都取决于颜料用量以及吹的方向，游戏者可自由发挥，创作形态不一的小怪物。

教学脚本

　　教师：小朋友们好，欢迎大家来到艺术天才创造园，今天我们来玩"吹出小怪兽"的游戏。听到这里，小朋友们是不是很疑惑呢，小怪兽要怎么吹出来呢？我们一起来看看游戏的玩法吧！（播放视频）

　　我们需要准备的材料有颜料、水粉笔、水、调色盘、眼睛贴纸以及白纸。

　　首先，我们拿出白纸，选择自己喜欢的颜色，老师选择了黄色和蓝色两种颜色，将颜料挤在调色盘中，加水稀释，用水粉笔将颜料和水搅拌均匀。

　　然后，将颜料水点涂在白纸上，拿出吸管，对着颜料水朝不同的方向吹一吹。

　　最后，将眼睛贴纸贴上去，我们的小怪兽就做好啦！

　　小朋友们，你们学会了吗？现在我们一起来玩游戏吧！

游戏活动 三
美味爆米花

游戏目标 ⭐

01

锻炼手部精细动作

02

通过创作把生活和实际结合
感受美术创作的乐趣

游戏准备

白纸、黄色颜料、水粉笔、半个纸杯、卡纸、白乳胶

01 / 将半个纸杯粘在卡纸上。

02 / 用手把白纸揉搓成小团。

03／用白乳胶将纸团黏在卡纸上。

04／将黄色颜料涂抹于白纸团上。

1.白纸团不要全部涂黄色颜料，进行留白处理。
2.使用白乳胶时注意安全，防止吞咽。

教学脚本

教师：小朋友们好，欢迎大家来到艺术天才创造园，小朋友们平时喜欢吃爆米花吗？今天我们就来做一做美味的爆米花。我们一起来看看游戏的玩法吧！（播放视频）

我们需要准备的材料有黄色颜料、水粉笔、白乳胶、半个纸杯、白纸和卡纸。

首先，我们将半个纸杯粘在卡纸上。

然后，把白纸放在手心。

里揉一揉，搓一搓，搓成小团，揉好了之后再用白乳胶将纸团粘在卡纸上。最后，用水粉笔蘸取黄色颜料，点涂在白色纸团上。美味的爆米花就做好啦！

小朋友们，你们学会了吗？现在我们一起来玩游戏吧！

游戏活动 四

手掌仙人掌

01

锻炼手眼协调能力

02

通过创作将生活和实际结合
感受美术创作的乐趣

游戏准备

手掌印泥、马克笔、双面胶、剪刀、彩色卡纸、白色卡纸

01 / 选取一张彩色卡纸，用剪刀剪成花盆的样子，用马克笔绘上花纹。

02 / 用双面胶把花盆贴在白色的卡纸上。

03 / 拿出手掌印泥，把手按在印泥上，拓印在白色卡纸上，自由移动。

04 / 选一种喜欢的颜色，用手指尖点涂按在仙人掌的上方。

05／完成作品，展示作品。

指 导 建 议

1.用手掌进行游戏后，注意及时清洁。
2.使用印泥时，需避免误食。

教师：小朋友们好，欢迎大家来到艺术天才创造园，小小的手有大大的魔力，那么今天就来和老师一起学习"手掌仙人掌"吧！我们一起来看看游的玩法吧！（播放视频）

我们先来看看我们需要哪些材料呢？有手掌印泥、马克笔、双面胶、剪刀、彩色卡纸，还有白色卡纸。

首先，选取一张彩色卡纸，用小剪刀把它剪成花盆的样子。之后，我们要用马克笔帮它绘上花纹。再拿出一张白色的卡纸，用双面胶把花盆贴在白色的卡纸上。

接着，拿出手掌印泥，把手按在印泥上，拓印在白色卡纸的上方。完成了第一次拓印之后，继续上下、左右移动。

最后，拿出彩色手掌印泥，选一种自己喜欢的颜色，用手指尖点涂在仙人掌的上方。这样一幅"手掌仙人掌"就完成啦。

小朋友们，你们学会了吗？现在我们一起来玩游戏吧！

CHAPTER 5

趣味科学实验室

通过趣味的实验活动探究科学的奥秘，培养游戏者在实验中乐于动手、勇于探索、敢于质疑的科学品质。体验科学带来的乐趣，促进交流，培养团队精神，提高语言表达的准确性，增强理解能力和表达能力。

游戏活动 一

纸巾不会湿

感受玻璃杯中的纸巾放入
水中不会湿的神奇现象

游戏准备

装有水的器皿、玻璃杯、纸巾

01 / 取一张纸巾，揉成一团，放入玻璃杯的底部。

02 / 把装有纸团的玻璃杯倒过来，水平慢慢放入水中，将玻璃杯压至水底。

03 / 慢慢拿出玻璃杯，把纸团从玻璃杯内拿出来。

04 / 仔细观察，纸团是湿的还是干的。

科学原理

这是因为杯子里除了有纸之外，还有一种物质叫空气。玻璃杯里有空气，当杯口朝下放入水中时，杯内的空气被压缩，气压增大，当气压和水压相平衡的时候，空气体积保持不变，水进不来，纸巾处于空气当中，所以纸不会湿。

指导建议

1.实验开始前，做好引导提示，观察纸巾的干湿。

2.实验过程中，注意玻璃杯要水平压至杯底。

3.实验结束后，再次进行引导提示，观察纸巾的干湿。

教学脚本

教师：小朋友们好，欢迎大家来到趣味科学实验室，今天我们要做的实验是"纸巾不会湿"。我们都知道，纸巾遇到水是会变湿的，但是今天的实验中，纸巾遇到水不会变湿，这是怎么操作的呢？我们一起来看看实验的做法吧！（播放视频）

首先看看实验材料。有纸巾、装有水的玻璃器皿、一个空玻璃杯。

把纸巾揉成团，放到玻璃杯中，玻璃杯的杯口朝下，水平慢慢放入水中，直到按至水底，现在把玻璃杯取出来，用纸巾擦一擦玻璃杯口的水，再把纸巾拿出来，你们看，纸巾有没有变湿呢？哇，纸巾是干的！

小朋友们，你们知道这是为什么吗？

这是因为杯子里除了有纸之外，还有一种物质叫空气。玻璃杯里有空气，当杯口朝下放入水中时，杯内的空气被压缩，气压增大，当气压和水压相平衡的时候，空气体积保持不变，水进不来，纸巾处于空气当中，所以纸不会湿。

小朋友们，你们学会了吗？现在我们一起来做实验吧！

游戏活动 二
小小饮水机

实验目标 ⭐

感受瓶盖拧紧或松开时
水流出或停止的神奇现象

游戏准备

底部戳有孔的矿泉水瓶、顶部戳有孔的一次性纸杯、
一段吸管、小水杯、一杯水

游戏步骤

01 / 将矿象水瓶放入一次性纸杯中，吸管依次穿过一次性纸杯和矿泉水瓶
　　的小孔。

02 / 用手堵住吸管，向矿泉水瓶内倒水，拧紧瓶盖。

03／吸管出口处放一水杯，打开矿泉水瓶盖。

04／仔细观察，你发现了什么？拧紧瓶盖，你又发现了什么？

科学原理

　　自制饮水机利用的是大气压强的原理。当瓶盖拧紧时，瓶内气压小于外部气压，因此无法把瓶子里的水"压"出来。而拧开盖子后，瓶内气压变大，超过了瓶子外面的气压，因此把瓶子里的水轻轻松松地"压"了出来。

指 导 建 议

1.矿泉水瓶底部的小孔要和吸管的大小相匹配,有热熔胶的话,可在吸管四周涂上一层,以防漏水。

2.做好观察引导,确认在拧紧瓶盖和松开瓶盖后,有没有水流出来。

3.适当启发思考,如果想要喝饮料应该怎么办,把水换成饮料试一下。

教学脚本

教师:小朋友们你们好,欢迎大家来到趣味科学实验室,我们今天要做的实验是"小小饮水机"。你们想不想做一个饮水机来喝水呢?那我们今天就来做一个饮水机。我们一起来看看实验的做法吧!(播放视频)

我们先来看一下有哪些实验材料。底部戳有孔的矿泉水瓶、顶部戳有孔的一次性纸杯、一段吸管、一个小水杯,还有一杯水。

首先我们把矿泉水瓶放到一次性纸杯中,用吸管依次穿过一次性纸杯、矿泉水瓶的小孔。打开瓶盖,用手堵住吸管的一端,向矿泉水瓶中加入水,拧紧瓶盖。小朋友你们看,现在有没有水流出来呢?把瓶盖拧开,哇,有水流出来啦!再拧紧瓶盖,水没有流出来。你们知道这是为什么吗?

这是因为大气压强在作怪!当我们拧紧瓶盖的时候,瓶内的气压小于外部的气压,所以不会有水流出来。当我们拧开瓶盖,瓶内的气压大于外部的气压,就轻轻松松地把水"压"出来了。

小朋友们,你们学会了吗?现在我们一起来做实验吧!

游戏活动 三
会跳舞的米

实验目标 ⭐

感受米在杯子中
上下跳动的神奇现象

游戏准备

玻璃杯、小苏打、白醋、适量小米、筷子或小棍子

游戏步骤

01 / 在玻璃杯中放入适量小苏打，加水搅拌均匀。

02 / 继续在玻璃杯中加入白醋。

03 / 将米倒入玻璃杯中。

04 / 描述看到的场景。

科学原理

　　白醋中的醋酸与小苏打中的碳酸氢钠发生化学反应，产生气体二氧化碳，在水中形成气泡，气泡附着在米上，使米在水中舞动。

引导观察：
1.直接将米倒入水中，米会怎样？
2.水中加入白醋和小苏打之后，米又会怎样？

妥善保管、展示实验材料，避免将米、白醋和小苏打等物品放进嘴巴里。

　　教师：小朋友们好，欢迎大家来到趣味科学实验室，现在我们要来玩"会跳舞的米"的游戏。我们一起来看看实验的做法吧！（播放视频）

　　我们来看一看有哪些实验材料，需要用到的材料有筷子、水、玻璃杯、米、白醋和小苏打。

　　首先在玻璃杯中放入适量小苏打，加水搅拌均匀；然后继续在玻璃杯中倒入白醋，将米倒入玻璃杯中；小朋友们请仔细观察，你看到了什么？米在水中跳起舞来，这是为什么呢？

　　原来小苏打中的碳酸氢钠与白醋中的醋酸发生化学反应，产生二氧化碳气体，气体在水中形成气泡，气泡附着在米上，使米在水中跳起舞来。

　　小朋友们，你们学会了吗？现在我们一起来做实验吧！

游戏活动 四

泡沫小战士

感受纸巾缝隙能够
吹出泡泡的神奇现象

游戏准备

盘子、剪掉底部的矿泉水瓶
湿纸巾、橡皮筋、水、洗洁精

01／盘子中加入水和洗洁精，制作泡泡水。

02／用橡皮筋把湿纸巾固定在矿泉水瓶底部。

03／将湿纸巾蘸上泡泡水，然后从瓶口向瓶中慢慢吹气。

04／描述看到的场景。

科学原理

本实验主要利用了纸巾纤维间缝隙，每个小缝隙就像一个吹泡泡的管子。无数的小缝隙遍布在纸巾的每个角落，于是就吹出了无数排列整齐、细腻均匀的小泡泡。

指导建议

1.瓶底的橡皮筋要固定结实。
2.如果想要吹出彩色的泡泡，应该怎么做呢？可向水中加入颜料或在湿纸巾上用彩笔涂颜色。

温馨提示

禁止将洗洁精放进嘴里。

教学脚本

教师：小朋友们好，欢迎大家来到趣味科学实验室，现在我们要玩"泡沫小战士"的游戏。我们一起来看看实验的做法吧！（播放视频）

需要用到的材料有筷子、洗洁精、装有水的盘子、剪掉底部的矿泉水瓶和湿纸巾。

首先把洗洁精倒入盘子中，制作泡泡水，搅拌均匀，再用橡皮筋把湿纸巾固定在矿泉水瓶的底部，用湿纸巾蘸满泡泡水，从瓶口向瓶中慢慢吹气。小朋友们快看，吹出泡泡啦！

为什么湿纸巾能吹出这么多的泡泡呢？这是因为纸巾纤维间有缝隙，每个小缝隙就像一个吹泡泡的管子。无数的小缝隙遍布在纸巾的每个角落，这样就吹出了无数排列整齐、细腻均匀的小泡泡。

小朋友们，你们学会了吗？现在我们一起来做实验吧！

图书在版编目（ＣＩＰ）数据

生活游戏 . 一年级 / 刘艳平 , 刘正波主编 . —— 南京：
南京大学出版社，2022.12
ISBN 978-7-305-26421-4

Ⅰ . ①生… Ⅱ . ①刘… ②刘… Ⅲ . ①游戏课—小学
—教材 Ⅳ . ① G624.81

中国版本图书馆 CIP 数据核字（2022）第 243595 号

出版发行　南京大学出版社
社　　址　南京市汉口路 22 号　　　邮　编　210093
出 版 人　金鑫荣

书　　名　生活游戏　一年级
主　　编　刘艳平　刘正波
责任编辑　丁　群

印　　刷　南京凯德印刷有限公司
开　　本　787×1092 1/16　印张 17.5　字数 200 千
版　　次　2022 年 12 月第 1 版　2022 年 12 月第 1 次印刷
书　　号　ISBN 978-7-305-26421-4
定　　价　86.00 元（含三册）

网址：http://www.njupco.com
官方微博：http://weibo.com/njupco
官方微信号：njupress
销售咨询热线：（025）83594756

润泽学校"七色光"系列校本课程

生活游戏

SHENGHUO YOUXI

二年级

刘艳平 刘正波 主编

南京大学出版社

目录
Contents

1 音乐律动小天地

运动康复训练营

2

3 社会交往俱乐部

艺术天才创造园

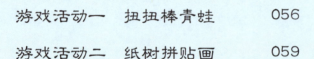

5 趣味科学实验室

CHAPTER 1

音乐律动小天地

　　音乐游戏是在音乐伴随下进行的一种有规则的、以发展音乐能力为目标的游戏活动。活动的主要方式是通过游戏把丰富的教育要求生动有趣地展示出来，在听、唱、动、玩当中感受、体验音乐的美。在音乐律动小天地里，不仅能提高听觉、认知、语言、动作、沟通等方面的能力，还会获得积极愉快的情感体验和享受。接下来，让我们进入音乐律动小天地，尽情展现、表达快乐的自己吧！

游戏活动 一

啊呜手指歌

 游戏目标

—— 01 ——

掌握并演绎4/4拍节奏规律

—— 02 ——

认识每根手指的名称

—— 03 ——

利用音乐的节奏和手指
的律动相结合，训练协调能力

游戏准备

音频《啊呜手指歌》、视频《啊呜手指歌》、PPT

01 / 游戏者围绕老师站成一个半弧形，前奏响起时身体做左右摆动的动作。

02 / 听到"大拇指点点头"时，跟随音乐做出大拇指点点头的动作。

03 / 听到"食指它点点头"时，跟随音乐做出食指点点头的动作。

04 / 听到"中指也点点头"时，跟随音乐做出中指点点头的动作。

05 / 听到"无名指点点头"时，跟随音乐做出无名指点点头的动作。

06 听到"小拇指点点头"时，跟随音乐做出小拇指点点头的动作。

07 听到各个手指点点头后的"啊呜啊呜"时，跟随音乐将双手的手指合拢、张开。

08 / 听到"大家一起点点头"时，跟随音乐叉腰做出点点头的动作。

09 / 听到"大家一起拍拍手"时，跟随音乐做出拍拍手的动作。

1.初次玩游戏时，可先利用PPT，熟悉每根手指的名称。

2.利用相同旋律，自由创编歌词内容："大家一起甩甩手""大家一起踏踏脚""大家一起叉叉腰"……

教师：小朋友们好，欢迎大家来到音乐律动小天地，今天我们要来玩"啊呜手指歌"的游戏。我们一起来看看游戏的玩法吧！（播放视频）

听音乐，前奏开始时身体做左右摆动。

仔细听，歌词唱到"大拇指点点头"时，我们要跟随音乐节奏用大拇指来做点点头；歌词唱到"食指它点点头"时，我们要跟随音乐节奏用食指来做点点头。当我们听到"中指也点点头"时，我们要跟随音乐用中指来做点点头；当听到"无名指点点头"时，我们要跟随音乐用无名指来点点头；当听到"小拇指点点头"时，我们要跟随音乐用小拇指来点点头。

最后，跟随音乐节奏和歌词提示做出点头和拍手的相应动作。

小朋友们，你们学会了吗？现在我们一起来玩游戏吧！

游戏活动 二

缤纷泡泡糖

🐦 游戏目标

01

掌握并演绎2/4拍节奏规律

02

认识身体部位

03

认识红色和绿色

游戏准备

音频《泡泡糖》、红色沙锤、绿色沙锤

01 / 游戏者相对而坐，听到"泡泡糖，真荒唐，一不小心粘到"时，有节奏地敲击自己手中的红色沙锤和绿色沙锤。

02 / 听到"小脸庞"时，用红色沙锤指指自己的脸庞。

03 / 听到"一不小心粘到"时，有节奏地敲击自己手中的红色沙锤和绿色沙锤。

04 / 听到"小屁股"时，用绿色沙锤指指自己的屁股。

05／听到"涂一块红"时，用红色沙锤指指自己的脸蛋。

06／听到"涂一块绿"时，用绿色沙锤指指自己的屁股。

07／听到"扮成小丑最美丽"时，有节奏地敲击自己手中的红色沙锤和绿
色沙锤。

1.初次体验游戏时，可先反复欣赏歌曲，熟悉音乐的节奏。

2.利用相同旋律，自由创编歌词内容："一不小心粘到小胳膊""一不小心粘到小小脚""一不小心粘到小膝盖"……

教学脚本

教师：小朋友们好，欢迎大家来到音乐律动小天地，今天我们要来玩"缤纷泡泡糖"的游戏。我们一起来看看游戏的玩法吧！（播放视频）

听音乐，我们跟随音乐节奏双手敲击沙锤。

仔细听，歌词唱到"小脸庞"时，我们要跟随音乐节奏用红色沙锤指指自己的小脸；歌词唱到"小屁股"时，我们要跟随音乐节奏用绿色沙锤指指自己的屁股。当我们听到"涂一块红"时，再次用红色沙锤指指自己的脸蛋；当听到"涂一块绿"时，再次用绿色沙锤指指自己的屁股。

最后，跟随音乐节奏双手继续敲击沙锤。

小朋友们，你们学会了吗？现在我们一起来玩游戏吧！

转呀转呀转

游戏目标

01

能区分歌词内容并随着歌词提示做出相应动作

02

会区分音乐起、止，随着音乐起、止做出相应身体律动

03

有感受音乐欢快气氛的能力，提高听辨能力

游戏准备

音频《转呀转呀转》、板凳若干

游戏步骤

01 / 游戏者站立准备，前奏响起时左右摇头感应音乐节拍。

02 / 听到"转呀转呀转"时，绕着板凳沿着顺时针方向踏步律动前进。

03 / 听到"太阳/月亮/时针在旋转"时，原地旋转，直到听到"停"，站立保持原地不动。

04／听到"什么在旋转"时，随机指定游戏者原地旋转，其余游戏者蹲下保持不动。例如，男生在旋转，穿红衣服的在旋转。

指导建议

1.注意引导游戏者有序开展游戏，保持一定距离，避免旋转过程中受伤。

2.可以根据游戏者的认知能力提高创造部分难度，例如8岁的小朋友在旋转、少先队员在旋转等。

3.注意引导游戏者在音乐欣赏中找到起、止的节奏点，随着节奏旋转、停止。

教师：小朋友们好，欢迎大家来到音乐律动小天地，今天我们要来玩"转呀转呀转"的游戏。我们一起来看看游戏的玩法吧！（播放视频）

听音乐，前奏前奏响起时，我们左右摇头来感应音乐节拍。

仔细听，当歌词唱到"转呀转呀转"时，我们要绕着板凳沿着顺时针方向踏步律动前进；当歌词唱到"太阳、月亮、时针在旋转"时，小朋友原地旋转，直到听到"停"，站立保持原地不动。

歌词唱到第二部分时，请小朋友们仔细听，老师会随机抽取小朋友和老师一起旋转，其余小朋友蹲下保持不动！注意仔细听，说不定老师马上就抽到你咯。

小朋友们，你们学会了吗？现在我们一起来玩游戏吧！

翻山库企企

游戏目标

01

感知音乐结构

02

通过创设爬山情景，体验音乐的趣味性

03

激发表现欲，增添游戏参与感

游戏准备

音频《库企企》、4对矮凳、4个套圈

01/ 音乐开始，创设爬山情景，根据音乐节奏与情景提示，依次跨过一座、两座、三座、四座大山。

02／音乐开始，创设爬山情景，根据音乐节奏与情景提示，依次跨过一、
二、三、四，四个套圈。

03 / 听到歌词"库库库企企"时，双手做"喇叭"状放在嘴边，大声跟随音乐念"库库库企企"。

指导建议

1.教师需选择合适的道具，并注意引导游戏者在安全有序的情况下进行游戏，避免在"翻山"过程中受伤。

2.开始游戏前，游戏者可以多欣赏几遍音乐，找到音乐的节奏。

3.鼓励游戏者大声喊出"库库库企企"。

教学脚本

教师：小朋友们好，欢迎大家来到音乐律动小天地，今天我们要来玩"翻山库企企"的游戏。我们一起来看看游戏的玩法吧！（播放视频）

听音乐，音乐响起时，老师将开始创设情境，请小朋友们仔细听好。

当老师念到"一座、两座、三座、四座大山翻过去"时，我们要依次跨过面前摆放的凳子；当老师念到"一、二、三、四"时，小朋友要单脚大踏步地踏入面前的四个套圈中；歌词唱到"库库库企企"时，我们也跟着音乐大声唱出"库库库企企"，这是我们打开魔法大门的咒语哦！

小朋友们，你们学会了吗？现在我们一起来玩游戏吧！

CHAPTER 2

运动康复训练营

在运动康复训练营，游戏者通过好玩有趣的体育游戏来掌握基本的运动知识、运动技能和保健方法，养成体育锻炼和健康生活的好习惯。通过多挑战、多训练的身体练习，开发体育潜能，促进身体功能康复和缺陷补偿，提高体能以及身心健康水平。让我们携手奔跑，开启欢乐的运动之旅吧！

蚂蚁运粮食

游戏目标

—— 01 ——

提升四肢肌肉力量与本体觉感知

—— 02 ——

提升手眼协调能力与粗大动作
水平

游戏准备

场地：开阔、防滑、四周无尖锐物品
器材：运动软垫、踩踏石、沙包、喇叭筒
服装：运动服、运动鞋

01 / 开合跳20次，并做准备活动操充分热身，活动全身各处关节。

02 / 在起点处下蹲，并用手掌和膝盖撑地，跪趴在运动软垫上。

03 将沙包均匀放置在背部，可根据具体情况设置沙包的重量和摆放位置。

04 从起点出发，跪姿爬行绕过踩踏石，并保证沙包不会掉下，直至到达终点。

05 / 游戏结束之后，一起做拉伸放松活动，舒缓身体。

指导建议

1.活动中不要限制爬行的方式，自己选择合适的爬行方式，充分发挥自主性。

2.爬行过程中，眼睛要向前观察障碍物的位置并自觉躲避。

3.逐渐增加起点和终点之间的距离，距离越远，难度越大。

教学脚本

教师：小朋友们好，欢迎大家来到运动康复训练营，今天我们一起来玩"蚂蚁运粮食"的体育游戏。

我们需要准备一片安全防滑的运动场地，保证四周无尖锐的物品，还需要准备运动软垫、踩踏石、沙包和喇叭筒等运动器材。

我们先一起进行热身运动，充分预热身体、活动关节。热身完毕后，站到起点的位置，下蹲跪姿趴在运动软垫上，将沙包放在背部。在放置完毕之后，出发爬行，并自行绕过爬行过程中的障碍物，直至到达终点。

小朋友们，你们学会了吗？现在我们一起来玩游戏吧！

袋鼠过山车

游戏目标

— 01 —

提升腿部肌肉力量与跳跃能力

— 02 —

提升手眼协调能力与身体协调性

游戏准备

场地：开阔、防滑、四周无尖锐物品

器材：运动软垫、30cm障碍栏、50cm障碍栏、喇叭筒

服装：运动服、运动鞋

01 / 开合跳20次，并做准备活动操充分热身，活动全身各处关节。

02 / 在起点处根据摆放好的障碍栏赛道进行挑战，需要向前跳跃通过较矮的30cm障碍栏，向前爬行穿越较高的50cm障碍栏。

03／根据不同高度的障碍栏选择跳跃或穿越，不断转换通过方式，直至到达终点。

04／游戏结束之后，一起做拉伸放松活动，舒缓身体。

指导建议

1. 可以进行语言提示或肢体引导，辅助通过障碍栏。
2. 在跳跃过程中，需采用双脚同时起跳的方式，不可单脚起跳。
3. 完成任务过程中可以固定障碍栏，避免障碍栏倒地引起安全隐患。

教学脚本

教师：小朋友们好，欢迎大家来到运动康复训练营，今天我们一起来玩"袋鼠过山车"的体育游戏。

我们需要准备一片安全防滑的运动场地，保证四周无尖锐的物品，还需要准备运动软垫、30cm障碍栏、50cm障碍栏、喇叭筒等运动器材。

我们先一起进行热身运动，充分预热身体、活动关节。热身完毕后，站到起点的位置，并仔细观察障碍栏的高度来选择向上跳跃通过还是爬行穿越通过，老师会在一边帮助固定障碍栏，并根据游戏难易情况进行语言引导或肢体协助。我们要不断变化通过方式，一会向上跳跃，一会爬行穿越，像过山车一样，直至到达终点。

小朋友们，你们学会了吗？现在我们一起来玩游戏吧！

游戏活动 三

企鹅扔雪球

游戏目标

01

提升手眼协调能力与目标投掷能力

02

提升精细动作与手臂肌肉力量

游戏准备

场地：开阔、防滑、四周无尖锐物品
器材：海洋球、球框
服装：运动服、运动鞋

游戏步骤

01 / 开合跳20次，并做准备活动操充分热身，活动全身各处关节。

02 / 在投掷点处，拿取海洋球，根据球框所在的位置确定投掷海洋球的力度和角度，锁定目标后将海洋球依次投掷进球框。

03 / 不断进行投掷，直至所有海洋球投掷完。

04 / 游戏结束之后，一起做拉伸放松活动，舒缓身体。

指导建议

1.要求使用向下投掷的形式将球丢进球筐之中，不可以采用向上抛物的形式进行投掷。

2.投掷时需站在标准线以外，不可以踩线投掷或越线投掷。

3.可通过加长标准线和球框之间的距离来加大游戏难度。

教学脚本

教师：小朋友们好，欢迎大家来到运动康复训练营，今天我们一起来玩"企鹅扔雪球"的体育游戏。

我们需要准备一片安全防滑的运动场地，保证四周无尖锐的物品，还需要准备若干个海洋球和一个球框。

首先，我们一起进行热身运动，充分预热身体、活动关节。热身完毕后，站到投掷点的位置，并仔细观察，根据球框所在的位置确定投掷海洋球的力度和角度，锁定目标后将海洋球投掷进入球框，要求使用向下投掷的形式，投掷成功后再次拿取海洋球，并依次投掷进球框。

小朋友们，你们学会了吗？现在我们一起来玩游戏吧！

游戏活动 四

乌鸦捡石子

游戏目标

01

提升手眼协调能力与
身体协调能力

02

提升手部精细动作与
抓握能力

游戏准备

场地：开阔、防滑、四周无尖锐物品
器材：平衡木、小石子
服装：运动服、运动鞋

01 / 开合跳20次，并做准备活动操充分热身，活动全身各处关节。

02 / 站到平衡木上，双手侧平举，保持平衡。

03 / 以左脚尖触碰右脚跟，再右脚尖触碰左脚跟的方式行走。

04 / 遇到小石头的时候，屈膝弯腰捡起小石子，然后直立身体继续行走，不断重复捡起小石子直至到达终点。

游戏步骤

05／游戏结束之后，一起做拉伸放松活动，舒缓身体。

指导建议

1.在行走时要打开双臂保持平衡，避免东倒西歪。
2.在捡起小石子时，要注意身体稳定性，避免摔倒。
3.可增加平衡木的赛道长度或改变直线曲线的形式来增加游戏难度。

教学脚本

教师：小朋友们好，欢迎大家来到运动康复训练营，今天我们一起来玩"乌鸦捡石子"的体育游戏。

我们需要准备一片安全防滑的运动场地，保证四周无尖锐的物品，还需要准备一套平衡木和若干个小石子。

我们先一起进行热身运动，充分预热身体、活动关节。热身完毕后，站平衡木上面，张开双臂侧平举，像小乌鸦的翅膀一样，先左脚尖触碰右脚跟，再右脚尖触碰左脚跟，以此形式行走。当遇到小石子的时候要屈膝弯腰捡起小石子，随后再次直立身体，打开双臂继续行走，不断重复捡起小石子，直至到达终点。

小朋友们，你们学会了吗？现在我们一起来玩游戏吧！

CHAPTER 3

社会交往俱乐部

社会交往游戏有助于促进游戏者之间的交流和学习,获得友谊,赢得同伴,建立自信心和勇气。在游戏过程中,游戏者可以学会必要的生活技能——清晰、主动、愉快地进行交谈,理解同伴做的各种游戏,还可以愉悦身心,培养集体荣誉感和合作意识,学会遵守规则,与人交往,让心智得到充分发展。

呼呼大风吹

游戏目标

—— 01 ——

知道自己的姓名、年龄

—— 02 ——

玩游戏时与同伴友好相处

游戏准备

合适的场地

游戏步骤

01 / 选好游戏伙伴，手拉手等候指令。

02 / 听到指令转起来。

03 / 听到指令的人做动作。

04 / 归队，继续游戏。

1.游戏者手拉手走起来时，要注意不要踩到其他人的脚。

2.游戏者要根据姓名和年龄或其他身体特征来玩游戏。

教学脚本

　　教师：小朋友们好，欢迎大家来到社会交往俱乐部。今天我们来玩"呼呼大风吹"的游戏，一起来看看游戏的玩法吧！

　　当我说完"大风吹"，请你们一起说"吹什么"。我会说一个特征，请符合特征的人根据指令做动作。

　　教师：大风吹。

　　学生：吹什么？

　　教师：***跳一跳

　　教师：大风吹。

　　学生：吹什么？

　　教师：***蹲下来。

　　教师：大风吹。

　　学生：吹什么？

　　教师：***扭一扭。

　　小朋友们，你们学会了吗？现在我们一起来玩游戏吧！

游戏活动 二

萝卜蹲呀蹲

游戏目标

—— 01 ——

知道班级同学的姓名

—— 02 ——

能与同伴友好相处

游戏准备

合适的场地

游戏步骤

01／大家手拉手围成一个圆圈等待指令。

02／被指定的人说**蹲，**蹲，**蹲完**蹲。

03 / 下一人继续进行游戏，说错的人被淘汰。

04 / 游戏区有一人比胜利手势，其他人在淘汰区鼓掌。

指导建议

1.可以提示姓名和特征。
2.在游戏过程中，要注意安全。

教学脚本

教师：小朋友们好，欢迎大家来到社会交往俱乐部，今天我们来玩"萝卜蹲呀蹲"的游戏，一起来看看游戏的玩法吧！

我会说一个特征，请符合特征的人一边蹲下起立，指定下一个人蹲下，一边说"**蹲，**蹲，萝卜蹲完**蹲"。

教师：**蹲，**蹲，**蹲完XX蹲。

XX蹲。

学生（XX）：XX蹲，XX蹲，XX蹲完YY蹲。（随机换另一个同学的名字）

YY蹲。

学生（XX）：YY蹲，YY蹲，YY蹲完ZZ蹲。（随机再换另一个同学的名字）

ZZ蹲。

游戏继续进行，没按规定动作做动作的被淘汰出来，在旁边观看游戏。

小朋友们，你们学会了吗？现在我们一起来玩游戏吧！

游戏活动 三

小兔子乖乖

游戏目标

—— 01 ——

锻炼口语交际能力

—— 02 ——

养成不给陌生人开门的好习惯

游戏准备

合适的场景

01 / 大灰狼在门外敲门。

02 / 小兔子透过猫眼朝门外看，双手交叉挥动做不开的手势。

03／兔妈妈在门外敲门。

04／小兔子透过猫眼朝门外看，做打开门的手势。

指导建议

1.教师可大声说儿歌，让游戏者跟着做动作。
2.可根据言语水平和社交能力进行分组。

教师：小朋友们好，欢迎大家来到社会交往俱乐部，今天我们来玩"小兔子乖乖"的游戏，我们一起来看看游戏的玩法吧！（播放视频）

我们需要三个小伙伴一起玩。一个人扮演小兔子，另外一个人演兔妈妈，还有一个人演大灰狼。

大灰狼在门外敲门。（小兔子乖乖，把门儿开开，快点儿开开，我要进来。）

小兔子透过猫眼看到外面是大灰狼，不给他开门。（不开不开我不开，妈妈没回来，谁来也不开。）

兔妈妈回来了，兔妈妈敲门。（小兔子乖乖，把门儿开开，快点儿开开，我要进来。）

小兔子透过猫眼向外看，看到是兔妈妈，给妈妈开门。（就开就开我就开，妈妈回来了，我就把门开。）

小朋友们，你们学会了吗？现在我们一起来玩游戏吧！

游戏活动 四

欢乐丢手绢

游戏目标

01

体验相互追逐的快乐
感受游戏的乐趣

02

敢于在集体面前大胆表演表现自己

03

体验同伴间友好的情感

游戏准备

空旷的场地或教室、一块手绢

01 / 围成一个圆圈坐好，一个人手拿一块手绢绕圈丢手绢。

02 / 拿手绢的人悄悄地将手绢丢在一个人的身后，然后继续围着圈跑。

03 / 游戏分三种情形：

第一种情况：被丢手绢的人发现自己身后的手绢，起身去追丢手绢的人。被追的人找到空位子坐下，接下来就由被丢手绢的人继续绕圈丢手绢。

第二种情况：丢手绢的人没来得及找到座位坐下就被抓到了，要继续绕圈丢手绢。

第三种情况：丢手绢的人丢完手绢已经绕了一圈，被丢手绢的人还是没有发现。被丢手绢的人起身让丢手绢的人坐下，自己绕圈丢手绢。

指 导 建 议

1.奔跑追逐时注意安全。

2.坐在座位上的人不能随意扭头看身后，也不能告诉其他人手绢丢在哪里。

3.丢手绢的人不能绕着圈子走了一圈又一圈，还是没有把手绢丢给某人。

4.为了增加游戏的趣味性，被追到的人和没有发现自己身后有手绢的人可以自愿走到圈中央为大家表演一个节目（可表演唱歌、跳舞、讲故事等），表演完后游戏继续。

教师：小朋友们好，欢迎大家来到社会交往俱乐部，今天我们来玩"欢乐丢手绢"的游戏，我们一起来看看游戏的玩法吧！(播放视频)

几个小伙伴围成一个圆圈坐好。一个小朋友手拿一块手绢围着圈跑，悄悄地将手绢丢在一个同学的身后，然后继续围着圈跑。被丢手绢的同学发现身后的手绢，起身去追丢手绢的同学。丢手绢的同学要尽快找座位坐下，不要被追到。

有三种情况。第一种情况，被丢手绢的同学发现自己身后的手绢，起身去追丢手绢的同学。被追的同学找到了空位子坐下，接下来就由被丢手绢的同学继续绕圈丢手绢。

第二种情况，丢手绢的同学没来得及找到座位坐下就被抓到了，要继续绕圈丢手绢。

第三种情况，丢手绢的同学丢完手绢已经绕了一圈，被丢手绢的同学还是没有发现。被丢手绢的同学起身让丢手绢的同学坐下，自己绕圈丢手绢。

小朋友们，你们学会了吗？现在我们一起来玩游戏吧！

CHAPTER 4

艺术天才创造园

艺术天才创造园通过有趣的美术活动，激发学习兴趣。在活动中运用多种材料和工具，进行绘画和简单的手工制作。从熟悉的生活事物进入美术学习，与生活紧密关联，加强学习活动的综合性和探索性。通过体验各种美术活动的乐趣，养成良好的行为习惯和学习态度，敢于创新与表现，产生对美术学习的持久兴趣。

扭扭棒青蛙

游戏目标

—— 01 ——

认识扭扭棒能够随意造型的特点

—— 02 ——

锻炼手部精细动作

游戏准备

绿色扭扭棒、仿真眼珠

01 / 扭扭棒交叉旋转在手上。

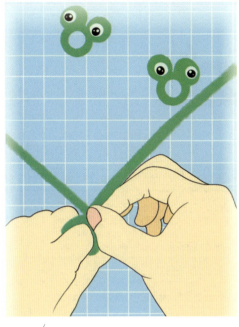

02 / 将一侧扭扭棒向内卷成圆形。

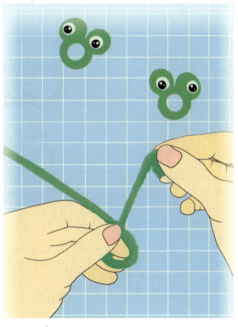

03 / 用同样的方法卷另一侧。

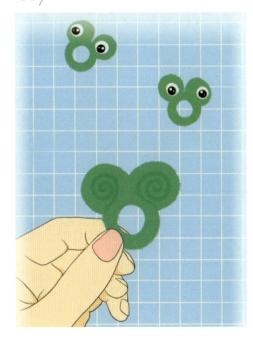

04 / 贴上仿真眼睛。

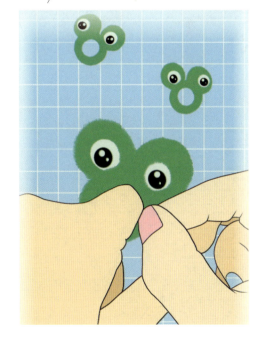

扭扭棒固定在手上，可由老师辅助完成。

教学脚本

教师：小朋友们好，欢迎大家来到艺术天才创造园，今天我们来玩"扭扭棒青蛙"的游戏。我们一起来看看游戏的玩法吧！（播放视频）

需要提前准备好扭扭棒和仿真眼珠。

首先，我们需要把扭扭棒固定在我们手上，将扭扭棒交叉旋转一下。

接着，往里卷一卷，把扭扭棒卷成一个圆形。

同样的方法卷另一边。我们的青蛙头就做好了。

再贴上仿真眼珠，看，这个青蛙是不是栩栩如生了呢？

小朋友们，你们学会了吗？现在我们一起来玩游戏吧！

游戏活动 二

纸树拼贴画

游戏目标

—— 01 ——

认识拼贴画

—— 02 ——

锻炼手部精细动作

游戏准备

彩色卡纸，棕色、绿色、粉色长方形卡纸，胶棒和剪刀

游戏步骤

01 / 用一张彩色卡纸做背景，一张绿色长方形纸做草地，一张棕色长方形纸做树干，用胶棒粘在合适的位置。

02 / 将绿色和粉色的长方形的长边对折，用剪刀沿着长边剪出正方形做树叶。

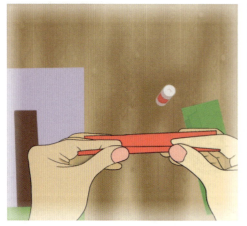 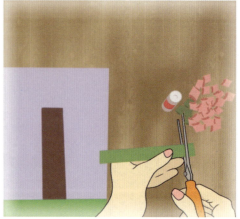

03 / 用胶棒将树叶拼贴到树干上面。

指导建议

游戏者在使用剪刀剪卡纸时需注意安全。

教学脚本

教师：小朋友们好，欢迎大家来到艺术天才创造园，今天我们来玩"纸树拼贴画"的游戏。我们一起来看看游戏的玩法吧！（播放视频）

需要提前准备好彩色卡纸，棕色、绿色、粉色长方形卡纸，胶棒和剪刀。

首先，我们需要拿出一张彩色卡纸作为我们的背景，然后将一张绿色长方形纸用胶棒贴到画面的最下面做草地，将一张棕色长方形贴到中间做树干。

接着，拿出几张绿色和粉色的长方形卡纸，将长方形的两条长边对折，用剪刀沿着长边剪出正方形做树叶，用剪刀时一定要注意安全哦。

最后，用胶棒将树叶拼贴到树干上面，我们的纸树拼贴画就做好啦。

小朋友们，你们学会了吗？现在我们一起来玩游戏吧！

游戏活动 三

棉签绣球花

🐭 游戏目标

—— 01 ——

体验棉签画的乐趣

—— 02 ——

锻炼手部控制能力

游戏准备

A4纸、黑色马克笔、一小捆棉签、蓝色和深蓝色颜料、颜料盘

01/先用黑色马克笔画好花蕊。

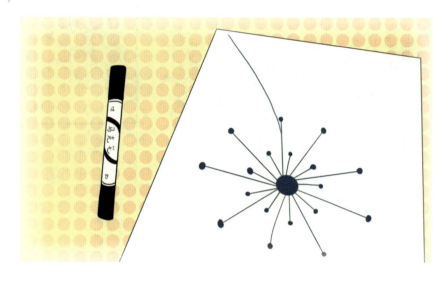

02/用一捆棉签蘸浅蓝色颜料印在花蕊四周。

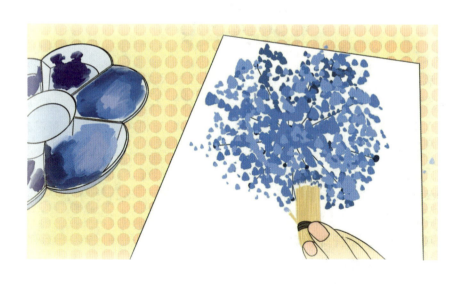

03／用一支棉签醮深蓝色颜料再点缀一下即可。

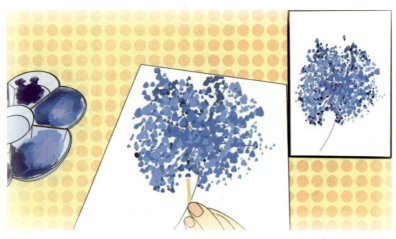

提醒游戏者在使用颜料时勿食用。

　　教师： 小朋友们好，欢迎大家来到艺术天才创造园，今天我们来玩"棉签绣球花"的游戏。我们一起来看看游戏的玩法吧！（播放视频）

　　需要提前准备好A4纸、黑色马克笔、一小捆棉签、浅蓝色和深蓝色颜料、颜料盘。

　　首先，我们需要用黑色马克笔画好花蕊和花杆，先画一个圆，在圆的四周画出放射线，最后在每根线的尾端画上小圆，花蕊就画好啦，再画一条线当花杆。

　　接着，拿出颜料盘，取一些浅蓝色和深蓝色的颜料。用一捆棉签粘醮蓝色颜料印在花蕊四周。

　　最后，用一支棉签醮深蓝色颜料再点缀一下就完成啦。

　　小朋友们，你们学会了吗？现在我们一起来玩游戏吧！

彩虹小宝宝

游戏目标

—— 01 ——

了解彩虹是五颜六色的

—— 02 ——

锻炼手部精细动作

游戏准备

白色云朵形状纸张、五种颜色以上的长方形纸条、
一小截绳子、双面胶

01 / 在白色云朵背面的底部贴上双面胶。

02 / 依次将彩色纸条的一端贴在云朵双面胶的位置。

03 / 在彩色纸条的上方用双面胶贴上绳子的两端。

04 / 在云朵正面画上眼睛、嘴巴。

05 / 将彩色纸条向上内卷一部分，彩虹宝宝完成。

指导建议

可将彩色纸条卷成不同长度，可由老师辅助完成。

教学脚本

　　教师：小朋友们好，欢迎大家来到艺术天才创造园，今天我们来玩"彩虹小宝宝"的游戏。我们一起来看看游戏的玩法吧！（播放视频）

　　我们需要提前准备好白色云朵形状纸张、五种颜色以上的长方形纸条、一小截绳子和双面胶。

　　首先，我们需要在白色云朵背面的底部贴上双面胶。

　　接着，依次将彩色纸条的一端贴在云朵双面胶的位置。

　　然后，在彩色纸条的上方用双面胶贴上绳子的两端。

　　再在云朵正面画上眼睛、嘴巴，看，这个彩虹宝宝正在朝我们做表情呢！

　　最后，将彩色纸条向上内卷一部分，彩虹宝宝就完成啦！

　　小朋友们，你们学会了吗？现在我们一起来玩游戏吧！

CHAPTER 5

趣味科学实验室

在趣味科学实验室，我们通过动手操作、动脑思考，发现大千世界的神秘。在这里，我们可以体验水面张力的巨大力量、大气压强的神奇作用、光线传播的奇妙景观；在这里，我们可以增强科学探索的兴趣，培养好奇心，养成认真观察的良好习惯；在这里，我们可以互帮互助、合作探索、培养友谊。让我们一同开启实验之旅吧！

游戏活动 一

胆小的胡椒粉

实验目标

感受洗洁精可以改变
水面张力的神奇现象

游戏准备

盘子、胡椒粉、水、洗洁精

01 / 盘子中加入水。

02 / 在水中撒一层胡椒粉，仔细观察可以发现胡椒粉会慢慢散开，并漂浮在水面上。

03 / 在手指上挤黄豆粒大小的洗洁精。

04 / 用有洗洁精的手指点在胡椒粉中间。

05 / 仔细观察。

科学原理

　　水具有一种会让表面积变小的力量——表面张力，滴入洗洁精会让水的表面张力减弱，中央的水被拉往四周，胡椒粉便会跟着水移动了。

指导建议

　　实验过程中，教师要引导学生注意观察水面的变化。撒上胡椒粉时，水面是怎样的？滴入洗洁精时，水面又是如何变化？

教学脚本

　　教师：小朋友们好，欢迎大家来到趣味科学实验室，今天我们要做的实验是"胆小的胡椒粉"。

　　我们先来看看实验材料，有盘子、胡椒粉、水。

　　下面开始实验。我们在盘子中加入水；在水中撒一层胡椒粉，仔细观察，水面是怎样的的？在手指上挤黄豆粒大小的洗洁精，将含有洗洁精的手指点在胡椒粉中间，小朋友发现胡椒粉的变化了吗？胡椒粉快速地向四周散去。这是为什么呢？这是因为水具有一种会让表面积变小的力量——表面张力，滴入洗洁精会让水的表面张力减弱，中央的水被拉往四周，胡椒粉便会跟着水移动了。

　　小朋友们，你们学会了吗？现在我们一起来做实验吧！

小鱼游啊游

🐟 实验目标

感受小鱼在水中向前游动
的神奇现象

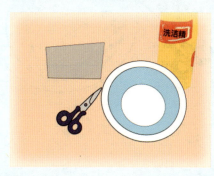

游戏准备

水盆、硬纸板、剪刀、水、洗洁精、笔

01 / 在硬纸板上剪一个鱼的模型, 如图所示。

02 / 在水盆中倒满水, 将小鱼放入水中。

03 / 在小鱼模型的圆圈中间滴一滴洗洁精。

04 / 仔细观察鱼的变化。

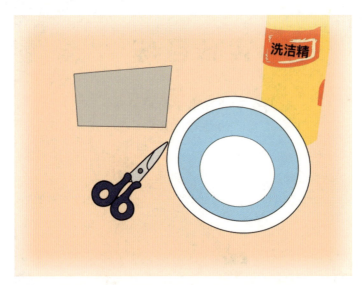

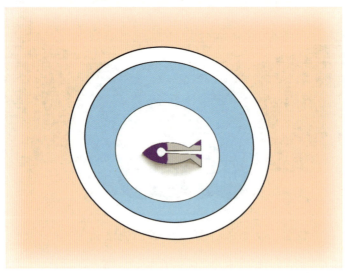

科学原理

　　刚开始纸鱼被放进水盆里时，水分子在各个方向上的拉力都相等，能够相互抵消，所以纸鱼就静止不动。当滴入洗洁精后，水分子的这种拉力平衡遭到了破坏。洗洁精沿着圆圈向后流动的时候就破坏了纸鱼尾巴上的水的拉力，但是纸鱼头部拉力依然存在，在这个拉力下，纸鱼就向前游动了。

指导建议

　　1.鱼的模型大小要和示例图大致一样。

　　2.一盆清水只能实验一次。

　　3.教师引导学生观察：不加洗洁精时，小鱼在水面上游动吗？加入洗洁精时小鱼游动吗？

教学脚本

　　教师：小朋友们好，欢迎大家来到趣味科学实验室，今天我们要做的实验是"小鱼游啊游"。

　　我们先来看看实验材料，有水盆、硬纸板、剪刀、水、洗洁精、笔。

　　下面开始实验。在硬纸板上画一只小鱼，用剪刀剪下来。在水盆中倒满水，将小鱼放入水中。在小鱼模型的圆圈中间滴一滴洗洁精，观察一下，小鱼游了吗？快看，小鱼向前游动了。这是为什么呢？这是因为滴入洗洁精后，洗洁精沿着圆圈向后流动的时候破坏了纸鱼尾巴上水的拉力，纸鱼头部拉力依然存在，在这个拉力下，纸鱼就向前游动了。

　　小朋友们，你们学会了吗？现在我们一起来做实验吧！

游戏活动 三

上升的水位

🐿 实验目标

感受水瓶中水上升的神奇现象

游戏准备

盘子、杯子、热水、有颜色的水（或清水）、矿泉水瓶

游戏步骤

01 / 在盘子中装水，将矿泉水瓶倒扣在盘子中，观察矿泉水瓶内的水位。

02 / 将矿泉水瓶倒扣在热水中10~20秒。

03 / 再次将矿泉水瓶倒扣在装有水的盘子中，观察矿泉水瓶内的水位变化。

科学原理

　　矿泉水瓶在热水中泡过，瓶内温度上升，气压降低，倒放入装有冷水的盘中，瓶外气压高于瓶内气压，所以瓶子里的水会向上爬升。

指导建议

　　1.矿泉水瓶没放入热水前，水会上升吗？
　　2.矿泉水瓶放入热水后，水会上升吗？
　　3.注意：热水越热，效果越明显。

教学脚本

　　教师：小朋友们好，欢迎大家来到趣味科学实验室，今天我们要做的实验是"上升的水位"。

　　我们先来看看实验材料，有盘子、杯子、热水、有颜色的水（或清水），矿泉水瓶。

　　下面开始实验。我们在盘子中装水，将矿泉水瓶倒扣在盘子中，观察矿泉水瓶内的水位。将矿泉水瓶倒扣在热水中10~20秒。再次将矿泉水瓶倒扣在装有水的盘子中，观察矿泉水瓶内的水位变化。哇，矿泉水瓶内的水上升啦。这是为什么呢？原来是矿泉水瓶在热水中浸泡，瓶内温度上升，气压降低，倒放入装有冷水的盘中，瓶外气压高于瓶内气压，所以瓶子里的水会向上爬升。

　　小朋友们，你们学会了吗？现在我们一起来做实验吧！

游戏活动 四

调皮的小鱼

🐟 实验目标

感受杯子中加入水后小鱼（箭头）
改变方向的神奇现象

游戏准备

透明杯子、水、白纸、彩笔

01 / 在白纸上画几条小鱼或箭头。

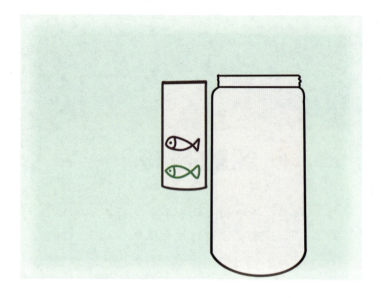

02 / 将小鱼放在透明杯子的后面，向杯子中逐渐加入水，观察小鱼鱼头的变化。

科学原理

本实验运用的是凸透镜原理。杯子中加入水就变成了一个凸透镜，射入的光线经过折射后，除经过光心的光线不改变方向外，其他的光线都会改变方向，所以小鱼鱼头的方向就发生了变化。

指导建议

教师引导学生观察：

1. 杯中加水前，小鱼的鱼头是在前面还是后面？
2. 加水后，小鱼发生了怎样的变化？

教学脚本

教师：小朋友们好，欢迎大家来到趣味科学实验室，今天我们要做的实验是"调皮的小鱼"。

我们先来看看实验材料，有透明杯子、水、白纸、彩笔。

下面开始实验。我们在白纸上画几条小鱼或箭头，看一看小鱼的鱼头朝向哪边？是左边。将小鱼放在透明杯子的后方，向杯子中逐渐加入水，观察小鱼鱼头的变化。哇，小鱼的鱼头朝向右边啦。这是为什么呢？原来杯子中加入水就变成了一个凸透镜，射入的光线经过折射后，除经过光心的光线不改变方向外，其他的光线都会改变方向，所以小鱼鱼头的方向就发生了变化。

小朋友们，你们学会了吗？现在我们一起来做实验吧！

图书在版编目（ＣＩＰ）数据

生活游戏 . 二年级 / 刘艳平，刘正波主编 . -- 南京：
南京大学出版社，2022.12
ISBN 978-7-305-26421-4

Ⅰ . ①生… Ⅱ . ①刘… ②刘… Ⅲ . ①游戏课—小学
—教材 Ⅳ . ① G624.81

中国版本图书馆 CIP 数据核字（2022）第 243601 号

出版发行　南京大学出版社
社　　　址　南京市汉口路 22 号　　　邮　编　210093
出 版 人　金鑫荣

书　　名　生活游戏　二年级
主　　编　刘艳平　刘正波
责任编辑　丁　群

印　　刷　南京凯德印刷有限公司
开　　本　787×1092 1/16　印张 17.5　字数 200 千
版　　次　2022 年 12 月第 1 版　2022 年 12 月第 1 次印刷
书　　号　ISBN 978-7-305-26421-4
定　　价　86.00 元（含三册）

网址：http://www.njupco.com
官方微博：http://weibo.com/njupco
官方微信号：njupress
销售咨询热线：（025）83594756

生活游戏

SHENGHUOYOUXI

三年级

刘艳平 刘正波 主编

南京大学出版社

目录
Contents

音乐律动小天地

运动康复训练营

3 社会交往俱乐部

艺术天才创造园 4

5 趣味科学实验室

CHAPTER 1

音乐律动小天地

音乐和游戏是儿童生活的重要组成部分，更是学习和成长中不可缺少的元素。音乐律动小天地通过音乐节奏类、音乐感受类、音乐协调类等不同种类的音乐游戏，让儿童成为音乐活动的积极参与者与创造者，激发他们学习音乐的兴趣。每个儿童心里都有一颗音乐的种子，让丰富多彩的音乐游戏陪伴种子们愉快地发芽成长吧！

快与慢

游戏目标

01

聆听欢快的音乐，感受音乐
AB曲式结构

02

通过走和跑的游戏动作，感受
音乐速度的快慢

游戏准备

音频《走和跑》、彩虹伞、海洋球

游戏步骤

01 / 聆听音乐，在A段部分（慢板），双手拉着彩虹伞，根据音乐节奏绕圈行走。

02 / 当B段音乐（快板）响起时，原地快速抖动彩虹伞，使伞上的球如音乐节奏一样欢快地弹跳起来。

指导建议

1.初次游戏时，教师带领游戏者熟悉音乐，练习稳定拍，感受节奏的快与慢。

2.在游戏中，教师可预判音乐速度的转变，在转变前给予游戏者语言提示。

3.游戏时选择无障碍物的空旷、安全的场地，并留意脚下掉落的海洋球，避免滑倒等危险。

教学脚本

教师：小朋友们好，欢迎大家来到音乐律动小天地，今天我们要来玩"快与慢"的游戏，我们一起来看看游戏的玩法吧！（播放视频）

听音乐，音乐响起时，请小朋友们和老师一起拉着彩虹伞，跟随音乐节奏绕圈行走。当音乐速度变快时，我们要快速抖动彩虹伞，使伞里的小球也和音乐一样快速地跳跃起来！

小朋友们，你们学会了吗？现在我们一起来玩游戏吧！

游戏活动 二

碰碰舞

🐟 游戏目标

01

认识手、脚、头、肩等身体部位

02

将音乐的节奏和身体的律动
相结合，提高协调能力

游戏准备

音频《碰碰舞》、视频《碰碰舞》、PPT

01 / 两位参与游戏者并排站立。当听到"走走走走，跟我一起"时，双手在身体两侧弯曲并跟随音乐节奏踏步。

02 / 当听到"拍拍手"时，双手跟随音乐节奏拍掌三下。

游戏步骤

03 / 当听到"踏踏脚"时，跟随音乐节奏原地踏步三下。

04 / 当听到"拍手"时，双手跟随音乐节奏拍掌两下。

05 / 当听到"转个圆圈停下来"时，双手在胸前跟随音乐节奏绕圈。

06 / 当听到"拍手"时，双手跟随音乐节奏拍掌两下。

07 / 当听到"找个朋友碰肩"时，两位游戏者的肩膀轻轻碰一碰。

08 / 当听到"碰头"时，两位游戏者的头轻轻碰一碰。

09／当听到"碰手"时，两位游戏者各伸出一只手掌轻轻相对。

指导建议

1.初次玩游戏时，可先利用PPT，熟悉身体的各个部位。

2.利用相同旋律，自由创编歌词内容："找个朋友挽手""碰脚""碰屁股"……

教师：小朋友们好，欢迎大家来到音乐律动小天地，今天我们要来玩"碰碰舞"的游戏。我们我们一起来看看游戏的玩法吧！（播放视频）

听音乐，当我们听到"走走走走，跟我一起"时，双手在身体两侧弯曲并跟随音乐节奏踏步。当听到"拍拍手"时，我们的双手要跟随音乐节奏拍掌三下。在听到"踏踏脚"时，小脚跟随音乐节奏原地踏步三下。

当听到"拍手"时，小手跟随音乐节奏拍掌两下。当听到"转个圆圈停下来"时，双手在胸前跟随音乐节奏绕圈。

当听到"拍手"时，我们的双手要跟随音乐节奏拍掌两下。当听到"找个朋友碰肩"时，我们和好朋友轻轻碰一碰肩膀。

当听到"碰头"时，我们和好朋友轻轻碰一碰头。当听到"碰手"时，我们把手掌和好朋友的手掌叠在一起。

小朋友们，你们学会了吗？现在我们一起来玩游戏吧！

游戏活动 三

打招呼

游戏目标

—— 01 ——

提高礼仪意识

—— 02 ——

区分音乐起、止

—— 03 ——

提高音乐节奏感与身体协调能力

游戏准备

游戏音乐《Jibidi》、PPT、游戏视频

01 / 游戏者相对而站，听到游戏音乐开始做动作。

02 / 第一个八拍动作：

·前两拍子双腿屈膝，双手拍腿一次；

·双腿站直，拍手一次；

·双手交叉进行拍肩三次。

03／第二个八拍动作：重复第一个八拍动作。

04／第三个八拍动作：

· 前四个八拍，两人面对面朝前走四步（摆臂，双手握拳）；

· 后四个八拍，两人互动拍手三次。

游戏步骤

05 / 第四个八拍动作：

·前四个八拍，两人面对面向后走四步（摆臂，双手握拳）；

·后四个八拍，拍手三次。

06 / 第五个八拍动作：

·前两个八拍，双手叉腰，主力腿弯曲，动力腿朝外勾脚出腿（二人是镜面动作）；

·双手叉腰，主力腿弯曲，动力腿朝里勾脚出腿；

·在前四拍基础上进行外、里、外的快速换脚。

游戏步骤

07 / 第六个八拍动作：

　　·前两个八拍，双手叉腰，主力腿弯曲，动力腿朝里勾脚出腿（二人是镜面动作）；

　　·双手叉腰，主力腿弯曲，动力腿朝外勾脚出腿；

　　·在前四拍基础上进行里、外、里的快速换脚。

08 / 第七个八拍动作：

　　·前四个八拍，两人面对朝前走四步；

　　·后四个八拍，两人互动拍手三次。

09 / 第八个八拍动作：
  ·前四个八拍，两人面对向后走四步（摆臂，双手握拳）；
  ·后四个八拍，二人互动拍手三次。

指导建议

1.初次游戏时，先带领游戏者感受音乐，便于让游戏者熟悉音乐。
2.注意音乐节奏，以及动作的变化和区分。
3.出脚时，注意勾脚，直腿。

教学脚本

教师：小朋友们好，欢迎大家来到音乐律动小课堂，我们又见面啦！今天，我们一起来玩一个有意思的游戏"打招呼"。

首先，两位小朋友面对而站。第一组动作，听到音乐响起时，双腿屈膝，拍腿，然后拍手，双手交叉拍肩三次，最后再重复一遍。

第二组动作，向前握拳摆臂走四步，与小伙伴一起击掌三次。

第三组动作，向后退四步，拍手三次。

第四组动作，双手插腰，向外勾脚、出腿。然后换脚，朝里出腿、勾脚，最后，我们一起来做三次出腿动作，外、里、外。

第五组动作，双手叉腰，先向里勾脚、出腿。然后，向外勾脚、出腿。最后，连续出腿，里、外、里。

第六组动作，前四个八拍，两人面对朝前走四步；后四个八拍，两人互动拍手三次。

第七组动作，前四个八拍，两人面对向后走四步（摆臂，双手握拳）；后四个八拍，二人互动拍手三次。

小朋友们，你们学会了吗？现在我们一起来玩游戏吧！

游戏活动 四

颜色歌

🐠 游戏目标

— 01 —

掌握并演绎4/4拍节奏规律

— 02 —

认识不同颜色，并识别出该颜色所代表的对应图片

— 03 —

将音乐的节奏和手指的律动相结合，提高协调能力

游戏准备

音频《颜色歌》、视频《颜色歌》、PPT

01 / 游戏者围绕老师站成一个半弧形，前奏响起时身体做左右摆动的动作。

02 / 听到"蓝色是美丽天空的颜色"时，跟随音乐双手展开做出指向天空的动作。

03 / 听到"红色是熊熊燃烧的火焰"时，跟随音乐双手打开并做出煽火的动作。

04／听到"白色是冬天雪花飘飘"时，跟随音乐双手交叉并模仿雪花飘落的样子。

05／听到"粉色是我的小小手"时，跟随音乐双手前伸做摇摆动作。

06 / 听到"褐色是泥土的颜色"时，跟随音乐展开双手并指向大地。

07 / 听到"灰色是大象的厚厚皮肤"时，跟随音乐用双手模仿大象。

08／听到"黄色是酸酸的大柠檬"时，跟随音乐双手做捧脸的动作。

09／听到"黑色是一只小八哥"时，跟随音乐模仿八哥鸟摆动的样子。

1.初次玩游戏时，可先利用PPT，熟悉每种颜色和所对应图片的名称。

2.利用相同旋律，自由创编歌词内容，"橙色""绿色""紫色"……

教师：小朋友们好，欢迎大家来到音乐律动小天地，今天我们要来玩"颜色歌"的游戏，我们一起来看看游戏的玩法吧！（播放视频）

听音乐，前奏开始时身体左右摆动。

仔细听，歌词唱到"蓝色是美丽天空的颜色"时，我们要跟随音乐节奏，将双手展开做出指向天空的动作。

当歌词唱到"红色是熊熊燃烧的火焰"时，我们要跟随音乐节奏，将双手打开并做出煽火的动作。

当我们听到"白色是冬天雪花飘飘"时，我们要跟随音乐，将双手交叉并模仿雪花飘落的样子。

当听到"粉色是我的小小手"时，我们要跟随音乐，将双手向前伸并摇摆自己的双手。

当听到"褐色是泥土的颜色"时，我们要跟随音乐，张开双手指向大地。

当听到"灰色是大象厚厚的皮肤"时，我们要跟随音乐，模仿大象的动作。

当听到"黄色是酸酸的大柠檬"时，我们要跟随音乐，双手托着下巴摇摆。

最后，当听到"黑色是一只小八哥"时，我们要跟随音乐，用双手模仿小八哥鸟的样子。

小朋友们，你们学会了吗？现在我们一起来玩游戏吧！

CHAPTER 2

运动康复训练营

　　儿童的体质健康尤为重要，良好的身体素质是儿童成长发展的重要基础。运动康复训练营通过欢快有趣的体育游戏来帮助儿童掌握基本的运动知识、运动技能和运动方法，养成良好的体育锻炼和健康生活习惯。在体育游戏训练中，提升体质健康水平，促进机体功能改善和潜能开发，从而不断提高儿童的身体和心理健康。让我们携手奔跑，开启欢乐的运动之旅吧！

游戏活动一

兔子跳风车

 游戏目标

01
提升下肢肌肉力量与本体
觉感知水平

02
提升身体协调能力与粗大
动作水平

03
提升运动节奏感和团队协
作能力

游戏准备

场地：开阔、防滑、四周无尖锐物品
器材：运动长杆、标志牌
服装：运动服、运动鞋

第一种：单人跳跃

01 / 开合跳20次，做准备活动充分热身，活动全身各处肌肉和关节。

02 / 教师下蹲或蹲坐在地上，手持运动长杆；游戏者在定点（标志牌）处立正并仔细观察运动长杆，准备回应教师的运动口令。

03 / 教师发出口令，单手摆动运动长杆，以教师正面150度左右为区间范围进行摆动，游戏者观察运动长杆，在即将碰到自己时双脚同时向上跳跃，躲避长杆。

游戏步骤

04／教师不断重复摆动运动长杆，20个为一组，进行三组。

05／游戏结束之后，一起做拉伸放松活动，舒缓身体。

第二种：双人平行跳跃

01／开合跳20次，做准备活动充分热身，活动全身各处肌肉和关节。

游戏步骤

02 / 教师下蹲或蹲坐在地上，手持运动长杆；两位游戏者在定点（标志牌）处平行立正并仔细观察运动长杆，准备回应教师的运动口令。

03 / 教师发出口令，单手摆动运动长杆，以教师正面150度左右为区间范围进行摆动，游戏者观察运动长杆，在即将碰到自己时双脚同时起跳向上跳跃，躲避长杆。

04 / 不断重复，20个为一组，进行三组。

05 / 游戏结束之后，一起做拉伸放松活动，舒缓身体。

第三种：前后跳跃

01 / 开合跳20次，做准备活动充分热身，活动全身各处肌肉和关节。

02 / 教师下蹲或蹲坐在地上，手持运动长杆；两位游戏者在定点（标志牌）处前后立正并仔细观察运动长杆，准备回应教师的运动口令。

03 / 教师发出口令，单手摆动运动长杆，以教师正面150度左右为区间范围进行摆动，游戏者观察运动长杆，在即将碰到自己时双脚同时向上跳跃，躲避长杆。

游戏步骤

04 / 不断重复，20个为一组，进行三组。

05 / 游戏结束之后，一起做拉伸放松活动，舒缓身体。

指 导 建 议

1.活动中根据游戏者的起跳速度来判断游戏者的运动节奏，教师适当调整节奏，保证游戏者的运动效果。

2.在双人跳跃时，教师要合理安排游戏者的站位，保证运动安全，避免碰撞摔倒。

3.可以通过节奏感较强的运动音乐来营造欢快的运动氛围，提高游戏效果。

教师： 小朋友们好，欢迎大家来到运动康复训练营，今天我们一起来玩"兔子跳风车"的体育游戏。

首先，我们需要准备一片安全防滑的运动场地，保证四周无尖锐的物品，其次还需要准备运动长杆、标志牌等运动器材。

第一种，单人跳跃。一起进行热身运动，充分预热身体、活动关节。在定点处立正并仔细观察运动长杆，在即将碰到自己时双脚同时向上跳跃，躲避长杆。20个为一组，进行三组。

第二种，双人平行跳跃。一起进行热身运动，充分预热身体、活动关节。在定点处平行立正并仔细观察运动长杆，在即将碰到自己时双脚同时向上跳跃，躲避长杆。20个为一组，进行三组。

第三种，双人前后跳跃。一起进行热身运动，充分预热身体、活动关节。在定点处前后立正并仔细观察运动长杆，在即将碰到自己时双脚同时向上跳跃，躲避长杆。20个为一组，进行三组。

小朋友们，你们学会了吗？现在我们一起来玩游戏吧！

游戏活动 二

海豚寻宝藏

游戏目标

01
提升上肢力量与腹部核心力量
提升本体觉感知

02
提升粗大动作的运动作力
提升四肢的协调能力

03
提升社交能力

游戏准备

场地：四周宽阔、安全、防滑
器材：毛巾、布袋等可以滑行的物体，敏捷圈，
　　　沙包，标志筒

01 / 活动关节，做热身运动深蹲开合跳10次。

02 / 在起点蹲下，利用手掌和膝盖支撑身体，跪姿向前爬行。

03 / 第一种玩法：在爬行的过程中，两脚抬起，爬到终点，用单手支撑
将沙包放到指定圈内。

04 / 第二种玩法：在爬行的过程中，两手支撑地面，两脚放在布袋或可以
滑行的物品上，身体保持平衡，手臂带动身体向前爬到终点，用单手
支撑将沙包放到指定圈内。

05 / 游戏结束后，一起做拉伸放松活动，放松肌肉，舒缓身体。

指导建议

1.游戏活动中不要限制游戏者爬行的方式和速度，充分发挥其自主性。

2.爬行过程中，眼睛要向前观察，提前稳定住身体。

3.可根据游戏者情况调整起点到终点的距离，距离越远，难度越大。

教学脚本

教师：小朋友们好，欢迎大家来到运动康复训练营，今天我们一起来玩"企鹅寻宝藏"的体育游戏。

我们需要准备一片安全防滑的运动场地，保证四周无尖锐的物品，还需要准备标志筒、敏捷圈、沙包等运动器材。

首先，请同学们跟我一起进行热身运动，充分预热身体、活动关节。热身完毕后，站到起点的位置，下蹲，四肢支撑身体成平面，由老师发出指令。在听到指令之后爬行出发，并将指定的沙包放到敏捷圈内，看哪组获得的沙包最多。

小朋友们，你们学会了吗？现在我们一起来玩游戏吧！

游戏活动 三
螃蟹搬食物

 游戏目标

01

提升手脚协调性

02

提升下肢力量与手眼协调能力

03

提升下肢力量与核心力量

游戏准备

场地：开阔、安全、周围没有尖锐的物品

器材：标志桶、小栏架

服装：宽松的运动服、舒适的运动鞋

第一种：原地双手摸桶

01 / 做好充分热身，侧压腿一边10次，拉伸髋关节及相关部位肌肉。

02 / 准备好相关标志桶，标志桶之间间隔1.5米左右，可根据游戏者身高、年龄等适当调整。

游戏步骤

03 / 双脚与肩同宽站于两个标志桶中间。

04 / 双脚不离地，用手触摸标志桶，不停地左右轮换，10次为一组，进行
四组。

05 / 在游戏结束后，一起做拉伸运动。

第二种：横向摸桶

01 / 做好充分热身，侧压腿一边10次，拉伸髋关节及相关部位肌肉。

02／标志桶之间间隔4米左右，可根据游戏者身高、年龄等适当调整。

03／双脚与肩同宽站于两个标志桶中间。

04/横向跨步，用手触摸标志桶。10次为一组，进行四组。

05/在游戏结束后，一起做拉伸运动。

第三种：横向跨栏摸桶

01 / 做好充分热身，侧压腿一边10次，拉伸髋关节及相关部位肌肉。

02 / 准备好相关标志桶与小栏架，标志桶之间间隔7米左右，在两个标志桶中间，放置若干小栏架，可根据游戏者身高、年龄等适当调整距离以及小栏架高度。

03 / 双脚与肩同宽站于两个标志桶中间。

04 / 横向跨步，跨过小栏架用手触摸标志桶。10次为一组，进行四组。

05 / 在游戏结束后，做拉伸运动。

指导建议

1.活动中可根据游戏者的能力调整相关难度，保证游戏者的锻炼效果。

2.播放儿歌来营造游戏氛围。

3.为保障游戏者运动安全，应及时发现并制止游戏者的危险行为。

教师：小朋友们好，欢迎大家来到运动康复训练营，今天我们一起来玩"螃蟹搬食物"的体育游戏。

首先，我们需要准备一片安全防滑的运动场地，保证四周无尖锐的物品，其次还需要准备小栏架、标志桶等运动器材。

第一种，原地双手摸桶。为运动做好充分的热身，侧压腿一边10次，拉伸髋关节及相关部位肌肉。热身结束，准备好相关标志桶，标志桶之间间隔1.5米左右，可根据身高、年龄等适当调整。面对老师，双脚与肩同宽站于两个标志桶中间。双脚不离地，用手触摸标志桶，不停地左右轮换，10次为一组，进行四组。在游戏结束后，一起做拉伸运动。

第二种，横向摸桶。为运动做好充分的热身，侧压腿一边10次，拉伸髋关节及相关部位肌肉。准备好相关标志桶，标志桶之间间隔4米左右，可根据身高、年龄等适当调整。面对老师，双脚与肩同宽站于两个标志桶中间。横向跨步，用手触摸标志桶，10次为一组，进行四组。在游戏结束后，一起做拉伸运动。

第三种，横向跨栏摸桶。为运动做好充分的热身，侧压腿一边10次，拉伸髋关节及相关部位肌肉。准备好相关标志桶与小栏架，标志桶之间间隔7米左右，在两个标志桶中间，放置若干小栏架，可根据身高、年龄等适当调整距离以及小栏架高度。面对老师，双脚与肩同宽站于两个标志桶中间。横向跨步，跨过小栏架用手触摸标志桶，10次为一组，进行四组。在游戏结束后，一起做拉伸运动。

小朋友们，你们学会了吗？现在我们一起来玩游戏吧！

游戏活动 四

老虎抗病毒

 游戏目标

01
提升上下肢肌肉力量与躯干稳定性

02
提升身体协调能力与粗大动作水平

游戏准备

场地：开阔、防滑、四周无尖锐物品
器材：瑜伽垫、纸团或沙包
服装：运动服、运动鞋

第一种：病毒拉锯

01 / 蹲起20个，做准备活动充分热身，活动全身各处肌肉和关节。

02／面对面坐下，双腿同时向前伸直，脚掌相对，双手同时向前伸，手拉手。一位当医生，一位当病毒。

03／模拟医生和病毒做斗争的场景，来回拉伸，一方力量强时另一方的身体要往前倾。10个为一组，练习三组。

第二种：病毒走开

01 / 揉一个纸团，当作是携带病毒的飞沫核。面对面站立。

02 / 一个人将纸团扔向另一个人，另一人以蹲、跳、闪、躲等动作避开纸团。
20个为一组，练习三组。

03 / 游戏结束之后，一起做拉伸放松活动，舒缓身体。

第三种：大战病毒

01／揉一个纸团，当作是携带病毒的飞沫核。面对面站立。

02／一个人先扔纸团，中间的人躲避，躲避后随即转换方向，另一个人捡起纸团，朝中间的人扔去，躲开的人胜利。

03／游戏结束之后，一起做拉伸放松活动，舒缓身体。

1.活动时，需要根据游戏者的反应速度，适当调整扔纸团的频率。

2.保证道具安全。可以用小玩偶或者沙包代替纸团，但需要注意道具的安全性。小玩偶不可带有尖锐零件，揉制的纸团不可太大、太硬。

3.保证动作安全。扔纸团时需要避开头面部，以防造成运动伤害。

4.可以通过节奏感较强的运动音乐，来营造欢快的运动氛围，提高游戏效果。

教师：小朋友们好，欢迎大家来到运动康复训练营，今天我们一起来玩"老虎抗病毒"的体育游戏。

首先，我们需要准备一片安全防滑的运动场地，保证四周无尖锐的物品。其次，还需要准备一个瑜伽垫、一些纸团。

第一种，病毒拉锯。一起进行热身运动，充分预热身体、活动关节。热身完毕后，面对面坐下，双腿同时向前伸直，脚掌相对，双手同时向前伸，手拉手。一位当医生，一位当病毒。然后模拟医生和病毒做斗争的场景，来回拉伸，一方力量强时，另一方的身体要往前倾。20个为一组，练习三组。

第二种，病毒走开。一起进行热身运动，充分预热身体、活动关节。热身完毕后，揉一个纸团，当作是携带病毒的飞沫核。面对面站立。老师将纸团扔向你们，你们要躲开。20个为一组，练习三组。

第三种，大战病毒。一起进行热身运动，充分预热身体、活动关节。热身完毕后，揉一个纸团，当作是携带病毒的飞沫核。面对面站立。一个人先扔纸团，中间的人躲开，躲开后随即转换方向，另一个人捡起纸团，朝中间的人扔去，躲开的人获胜。20个为一组，练习三组。

小朋友们，你们学会了吗？现在我们一起来玩游戏吧！

CHAPTER 3

社会交往俱乐部

社会交往能力是儿童融入社会、适应社会的必备能力。通过社会交往游戏，儿童可以学习与人沟通和合作，建立友谊，增强自信心和集体荣誉感。在社会交往游戏中，儿童既可以锻炼上下肢力量，提高身体协调性，同时能理解游戏规则，与同伴进行有效的交流，培养集体意识与荣誉感，促进身心的健康发展。

躲避炸弹

游戏目标

—— 01 ——

锻炼下肢力量

—— 02 ——

发展躲闪能力和快速反应能力

—— 03 ——

培养团结合作能力

游戏准备

宽敞防滑的室内场地、大笼球

01／所有游戏者围成一个圆圈坐好，挑选一位游戏者站在圆圈中间。

02／游戏开始，坐着的游戏者将大笼球往圆圈中间推，让大笼球碰到站着的游戏者。

03 / 站着的游戏者要躲避大笼球的攻击，不要让大笼球触碰到自己。

04 / 站着的游戏者被大笼球触碰后，推球的游戏者和站着的游戏者互换位置，开始下一轮游戏。

1.游戏者躲避大笼球时注意奔跑的安全。

2.若游戏者的手部力量不足，也可以在老师指导下用脚踢代替手推。

3.当游戏者熟悉游戏规则后，可以增加背景音乐，当音乐停止时不可再推大笼球，以此增加游戏的趣味性和挑战性。

教学脚本

教师：小朋友们好，欢迎大家来到社会交往俱乐部，今天我们来玩"躲避炸弹"的游戏，我们我们一起来看看游戏的玩法吧！（播放视频）

首先，我们需要布置一个宽敞防滑的室内场地，提前准备好一个大笼球。

接着，围成一个圆圈坐好，随机挑选一人站在圆圈中央。

然后，坐着的人要往圆圈中间推大笼球，使其触碰到站着的人。

站着的人需要及时躲避大笼球的攻击，不要让大笼球触碰到自己。

当被大笼球击中后即为淘汰，需要与攻击者互换位置继续游戏。

小朋友们，你们学会了吗？现在我们一起来玩游戏吧！

游戏活动 二

欢乐吹泡泡

游戏目标

—— 01 ——

培养轮流等待的意识

—— 02 ——

锻炼专注力，提升有意注意

—— 03 ——

体验与同伴游戏和吹泡泡的乐趣

游戏准备

宽敞的室内场地、泡泡棒

01／几位游戏者围成一个圆圈坐好，其中一名游戏者手中拿着泡泡棒。

02／音乐响起，游戏者依次传递泡泡棒。

03／当音乐停止时，游戏者停止传递，拿到泡泡棒的游戏者可以自由吹泡泡。

04／游戏者一起玩戳泡泡的游戏。

1.播放的音乐以熟悉的音乐为主。

2.当熟悉游戏规则后，音乐可以突然停止，增加游戏的趣味性和挑战性。

3.若具备数数的能力，可以轮流传递泡泡棒并数数，当数到某个指定数字时，停止传递，由拿到泡泡棒的游戏者吹泡泡。

教学脚本

教师：小朋友们好，欢迎大家来到社会交往俱乐部，今天我们来玩"欢乐吹泡泡"的游戏，我们我们一起来看看游戏的玩法吧！（播放视频）

首先，我们需要布置一个宽敞的室内场地，提前准备好椅子和一瓶吹泡泡的泡泡棒。

接着，小朋友们先围成一个圆圈坐好，将泡泡棒随机拿给其中一名同学。

然后，播放音乐。音乐响起时，小朋友们依次传递泡泡棒。

当音乐停止时，小朋友们停止传递，拿到泡泡棒的小朋友自由吹泡泡，和其他小朋友一起玩戳泡泡的游戏。游戏可开展几个回合。

小朋友们，你们学会了吗？现在我们一起来玩游戏吧！

游戏活动 三

快乐抓小鱼

🐸 游戏目标

—— 01 ——

进行钻、跑的动作练习，
锻炼上下肢力量

—— 02 ——

提高动作的灵活性和协调性

—— 03 ——

增强反应能力与合作能力

游戏准备

宽敞的场地、音乐《许多小鱼游来了》

游戏步骤

01 / 游戏者分成两组，一组做小鱼，一组做渔网。做渔网的游戏者每两位手拉手搭起渔网，做鱼的游戏者站成一路纵队，准备从渔网下钻过。

02 / 游戏开始，播放音乐《许多小鱼游来了》，游戏者可以跟着唱歌："许多小鱼游来了，游来了，游来了，许多小鱼游来了。"鱼群则一个跟着一个由网下钻过。

03 / 听到"快快捉——住"在最后一个"住"字时，做渔网的游戏者两臂立即放下。没被抓住的小鱼可以继续游戏，被抓住的小鱼则在休息区休息，等待游戏重新开始。

指导建议

1.选择空间比较宽敞的场地进行游戏，避免磕碰。

2.当熟悉游戏规则后，音乐可以突然停止，增加游戏的趣味性和挑战性。

3.钻出去四散跑开的游戏者要在规定的范围内活动。渔网的大小可以随着圈内鱼儿数量的减少而缩小。

教学脚本

教师：小朋友们好，欢迎大家来到社会交往俱乐部，今天我们来玩"快乐抓小鱼"的游戏，我们我们一起来看看游戏的玩法吧！（播放视频）

首先，我们需要布置一个宽敞的室内场地。

接着，游戏者先分成两组，一组做渔网，一组做小鱼。

做渔网的每两位手拉手搭起渔网，做鱼的手搭前面同学的肩膀，排成一排。

然后，播放音乐。音乐响起时，小鱼们从渔网下钻过。听到"快快捉——住！"在最后一个"住"字时，做渔网的游戏者两臂立即放下。没被抓住的小鱼可以继续游戏，被抓住的小鱼则在休息区休息，等待游戏重新开始。

小朋友们，你们学会了吗？现在我们一起来玩游戏吧！

游戏活动 四

合作运球

🐸 游戏目标

—— 01 ——

培养合作意识

—— 02 ——

加强身体协调能力

—— 03 ——

提升专注力

游戏准备

三张课桌、一块毛巾、两个篮子、若干泡沫球、游戏配乐

游戏步骤

01/ 两名游戏者面对面站在课桌两侧，一名游戏者从篮子里取出毛巾铺在桌上，另一名游戏者拿起一只泡沫球放在铺好的毛巾上。

02/ 音乐响起，游戏者双手各执毛巾两端，开始合作运球。

03 / 运到终点后，游戏者手执毛巾，将毛巾倾斜，让球自然滑落进篮子里。

　　1.运球过程中注意不能让球滑落下来。如果球不小心滑落下来，需返回起点重新开始游戏。

　　2.运到终点后，应手执毛巾，让毛巾上的球滑落进篮子里，而不能用手拿起球放进篮子里。

　　3.为增加游戏的趣味性，可设置两组同时比赛运球，哪一组在规定时段间内，先成功运球到终点；也可以规定每组成功运球到终点后迅速按原路返回至起点继续运球，看在设定时间内哪组运球数量多。

教师：小朋友们好，欢迎大家来到社会交往俱乐部，今天我们来玩"合作运球"的游戏。我们我们一起来看看游戏的玩法吧！（播放视频）

首先，我们需要先把课桌排成一排，在桌子的两端各放一个篮子，在起点端的篮子里放上一块毛巾和几只泡沫球。

接着，请两名游戏者分立桌子两边对面站好。一名小朋友从篮子里取出毛巾铺在桌上，另一名小朋友拿起一只泡沫球放在铺好的毛巾上。

音乐响起，游戏开始，两名小朋友双手各执毛巾两端，沿着桌子的方向合作运球，将球成功运到终点，倾斜毛巾，让球自然滑落进篮子里。

小朋友们，你们学会了吗？现在我们一起来玩游戏吧！

CHAPTER4

艺术天才创造园

美术创作是一个极富创造的过程，将教学活动融入游戏中，能增强儿童的学习和游戏体验，能让他们快乐地参与到美术活动中。通过有趣的美术活动，利用多种美术媒材表达内在想法和情感，培养儿童探索运用美术材料的乐趣。本章节通过折纸、黏土、颜料的趣味玩法，让儿童在画画时感受游戏的乐趣，在游戏中掌握画画的基本技能，真正实现"玩中作画，画时有玩"，让我们一起在美术游戏活动中获取知识并快乐成长吧！

折纸小章鱼

游戏目标

01
掌握简单的折纸方法

02
提高审美能力，参与创造
美的活动

游戏准备

半圆形纸片、黏土、双面胶、彩笔

01 / 将半圆形纸片相叠。

02 / 拼接处贴上双面胶固定。

03 / 用黏土捏出眼睛、嘴巴，
贴在章鱼脸上。

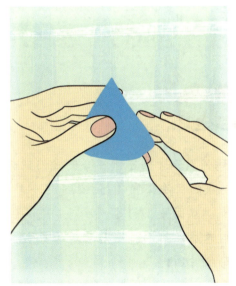

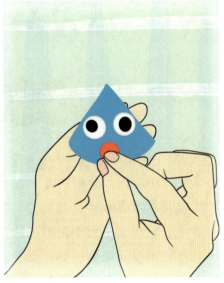

04 / 用彩笔画出章鱼腿。

1.可用彩笔代替画出章鱼眼睛、嘴巴。

2.可以做一些大小不一的章鱼，丰富画面。

教师：小朋友们好，欢迎大家来到艺术天才创造园，今天我们来玩"折纸小章鱼"的游戏，我们一起来看看游戏的玩法吧！（播放视频）

需要提前准备好半圆形纸片、黏土、双面胶、彩笔。

首先，我们需要把半圆形纸片向内卷成圆锥形，这是章鱼的身体。

接着，用双面胶贴一贴，把半圆形纸片固定。

其次，捏一些白色、黑色、红色圆圈的黏土，做章鱼的眼睛、嘴巴。

最后，给章鱼画上飘逸的脚，小章鱼完成了。

小朋友们，你们学会了吗？现在我们一起来玩游戏吧！

游戏活动 二

只此青绿画

🐨 游戏目标

—— 01 ——

通过运用拉、按压、揉等方法，
掌握简单的黏土技法

—— 02 ——

发展手部操作能力

游戏准备

卡纸、黏土（蓝色、绿色、白色）

01 / 取一块蓝色的黏土拉、揉几下。

02 / 将蓝色黏土放在卡纸上按压出一座座小山。

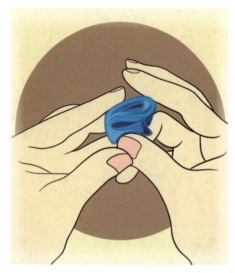

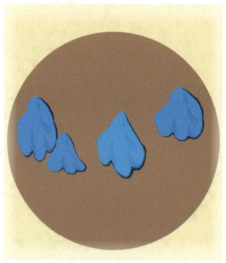

03 / 将蓝色和绿色黏土混合，揉几下。

04 / 按压出远近层次的小山。

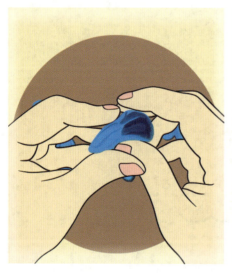

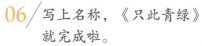
05 / 将蓝色和白色黏土混合，按压出近处的小山。

06 / 写上名称，《只此青绿》就完成啦。

指 导 建 议

1.注意三种颜色的小山的层次关系，小山数量可以自由安排，充分发挥想象力。

2.使用黏土时要注意安全，避免误食。

教学脚本

教师：小朋友们好，欢迎大家来到艺术天才创造园，今天我们要用黏土来完成"只此青绿"画，我们一起来看看游戏的玩法吧！

首先，我们需要提前准备好卡纸、一些白色、蓝色和绿色的黏土。

然后，要把几块蓝色的黏土按压在卡纸上。

接着，将蓝色和绿色黏土混合，拉、揉几下，再按压在卡纸上。

接下来，将蓝色和白色黏土混合，按压在卡纸上。

最后，在左边的空白处写上"青绿"，作品就完成啦！

小朋友们，你们学会了吗？现在我们一起来玩游戏吧！

游戏活动 三

棉签画大树

 游戏目标

—— 01 ——

运用棉签、牙刷等生活用品,掌握涂、点、刷的绘画方法

—— 02 ——

促进手部精细动作的发展

游戏准备

白纸、棉签、牙刷,棕色、浅绿色和深绿色的颜料

游戏步骤

01 / 用一支棉签，蘸取棕色颜料，涂出大树的树干。

02 / 用一捆棉签，蘸取浅绿色颜料，用点彩的方式点出树叶。

03 / 用一捆棉签，蘸取深绿色颜料，用点彩的方式继续丰富树叶。

04 用牙刷蘸取深绿色，从下往上刷出草地就完成啦。

1.树叶的形态、颜色、数量没有严格的要求，可充分发挥想象去创作。

2.使用颜料时要注意安全，避免误食。

教师：小朋友们好，欢迎大家来到艺术天才创造园，今天我们来玩"棉签画大树"的游戏，我们一起来看看游戏的玩法吧！（播放视频）

需要提前准备好白纸、棉签、牙刷，以及棕色、浅绿色和深绿色的颜料。

首先，我们需要用一支棉签涂出大树的树干。

其次，用一捆棉签，蘸取浅绿色颜料，用点彩的方式点出树叶。

接着，蘸取深绿色颜料，用点彩的方式继续丰富树叶。

最后，用牙刷蘸取深绿色，从下往上刷出草地就完成了。

小朋友们，你们学会了吗？现在我们一起来玩游戏吧！

游戏活动四

吸管拓花圃

 游戏目标

——— 01 ———

掌握水粉颜料基础画法，
体验拓印的趣味

——— 02 ———

分析画中色彩，提高欣赏与审美能力

游戏准备

黑色卡纸、吸管、棉签、彩色水粉颜料、水粉画笔

01 / 将吸管一端剪成细短条状并将一半向上弯折散开。

02 / 蘸取粉色与白色颜料,在卡纸上旋转拓印出花朵。

03 / 用棉签蘸取粉色和白色混合颜料,点涂在花朵上端。

04 / 用绿色颜料绘制花茎、叶子和小草等装饰。

1.注意绿色线条的绘制方向，尤其是花蕾与花茎衔接处的图案形状，不要超出花朵部分，保持画面美观和谐。

2.吸管绘制时要注意起落旋转，同时注意颜料使用安全，避免误食。

教师：小朋友们好，欢迎大家来到艺术天才创造园，今天我们来玩"吸管拓花圃"的游戏，我们一起来看看游戏的玩法吧！（播放视频）

需要提前准备好黑色卡纸、吸管、棉签、彩色水粉颜料、水粉画笔。

首先，我们要将吸管一端剪成短条状，并将其一半向上弯折成半圆散开状，其余部分剪下弃用。

其次，将裁剪好的吸管一端蘸取粉色、白色水粉颜料，轻轻地在画纸上部垂直放下，抬起后稍稍旋转一定角度后再垂直放下，重复此动作直至出现花朵雏形。你可以选择在空余处多拓几朵花。

接着，拿出棉签同样蘸取白色、粉色水粉颜料，在每朵小花的上方点上圆形图案。

最后，用水粉颜料笔蘸取绿色画出竖线线条作为花茎，注意与花朵的连接处可以画椭圆形花托和花萼图案使花朵更逼真，在纸张最下端空余处填补上小草和叶子，本幅作品就完成了。

小朋友们，你们学会了吗？现在我们一起来玩游戏吧！

CHAPTER 5

趣味科学实验室

　　为什么东西放入水中会有沉有浮？为什么纸巾能吸水？为什么会产生声音……儿童小小的脑袋里常常有许许多多的小问号，他们对大千世界的一切都感到新鲜和好奇。在科学实验室里，我们创造攀爬的彩虹，培养水中盛开的纸花，吹响嘹亮的空气号角，欣赏梦幻的彩虹雨，用简单有趣的科学小实验为儿童提供探索世界的小小钥匙，在他们的心底撒下科学和探索的小小种子！

彩虹攀登

实验目标

感受涂色纸巾放入水中，
彩色慢慢上升的神奇现象

游戏准备

水彩笔、纸巾、一个盛有清水的盘子

01 / 选择3~4种不同颜色的水彩笔，依次在纸巾底部涂色。

02 / 拿出盛有清水的盘子，将涂有颜色的纸巾垂直放在水中。

03 / 仔细观察，纸巾上的颜色会向上移动。

　　实验运用的主要科学原理是毛细现象。纸巾内部有许多细小的"管道"，水吸附在细小管道的内侧，由于内聚力与吸附力的差异，水能慢慢地将色素输送到纸的其他地方，因此就会看到颜色向上移动。

1.涂色时，要把握手的力度，轻轻用力，注意不要弄破纸巾。
2.涂色后，要仔细观察和思考，纸巾在放入水中后会发生什么变化。

教师：小朋友们好，欢迎大家来到趣味科学实验室，今天我们要做的实验是"彩虹攀登"。

我们先来看看实验材料，有水彩笔、纸巾、一个盛有清水的盘子。

首先拿出一张纸巾，选择3~4种不同颜色的水彩笔，在纸巾底部慢慢涂色。涂色时一定要轻轻地涂，不要把纸巾涂破。

接着，拿出盛有清水的盘子，将涂有颜色的纸巾垂直放在水中。请同学们仔细观察，纸巾有什么变化呢？纸巾底部的颜色慢慢上升，变成了美丽的彩虹。这是为什么呢？原来，这是运用了毛细现象的原理。纸巾内部有许多细小的"管道"，水吸附在细小管道的内侧，由于内聚力与吸附力的差异，水能慢慢地将色素输送到纸的其他地方，因此就会看到颜色向上移动。

小朋友们，你们学会了吗？现在我们一起来做实验吧！

游戏活动 二
水中花开

实验目标

感受折起的小花在水中慢慢盛开的神奇现象

游戏准备

纸、彩色笔、水、盘子、剪刀

游戏步骤

01 / 白纸上画几朵小花，并用彩色笔涂上颜色。

02 / 用剪刀剪下小花，并将花瓣折起。

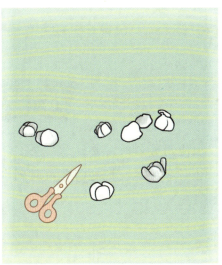

03 / 将折好的小花轻轻放入盛有水的盘子中。

04 / 仔细观察小花的变化。

白纸的主要成分是植物纤维，当水渗入白纸中的纤维，纤维会膨胀，使折着的花瓣打开，就出现了开花的效果。

1.使用剪刀时，要注意安全。

2.引导观察：折起的花瓣遇到水之后会发生怎样的变化呢？

教学脚本

教师：小朋友们好，欢迎大家来到趣味科学实验室，今天我们要做的实验是"水中花开"。

我们先来看看实验材料，有纸、彩色笔、水、盘子、剪刀。

下面开始实验。我们在白纸上画几朵小花，用彩色笔涂上颜色，几朵小花就画好了。用剪刀把小花剪下来，并将花瓣向内折起。拿出装有水的盘子，将小花轻轻放入水中。仔细观察，小花发生了怎样的变化？小花在水中慢慢地盛开，折起的花瓣慢慢打开，好神奇哦。这是为什么呢？这是因为白纸的主要成分是植物纤维，当水渗入白纸中的纤维，纤维会膨胀，使折着的花瓣打开，就出现了开花的效果。

小朋友们，你们学会了吗？现在我们一起来做实验吧！

游戏活动 三

嘹亮的号角

实验目标

知道声音是由振动产生的

游戏准备

剪刀、裁纸刀、气球、瓶盖、塑料瓶、吸管和钻孔器

01 / 塑料瓶从中间裁断，留上半段。

02 / 将气球从中间剪断，取下面的部分。

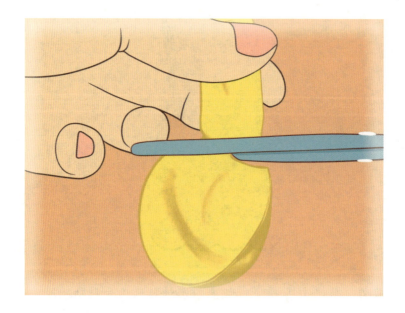

游戏步骤

03 / 将气球蒙在瓶子上。

04 / 在瓶子上钻个小孔。

05 / 在瓶盖上钻一个和吸管一样大小的孔。

06 / 在拧上瓶盖插入吸管，小号角就完成了。

07 / 对着吸管吹气，小号角就能发声了。

科学原理

空气振动会产生声音，瓶内气压反复变化引发气球反复振动，从而发生声响。

指导建议

实验过程中，引导游戏者注意安全，钻孔时不要伤到自己。最好由教师提前将孔钻好。

教学脚本

教师：小朋友们好，欢迎大家来到趣味科学实验室，今天我们要做的实验是"嘹亮的号角"。

我们先来看看实验材料，有剪刀、裁纸刀、气球、瓶盖、塑料瓶、吸管和钻孔器。

下面开始实验。第一步，我们先将塑料瓶从中间裁断，留上半段，就是有瓶盖的这一半。第二步，我们把气球从中间剪断，取下面的部分，就是有圆圆肚子的这一半。第三步，我们把气球蒙在瓶子上，用气球盖住瓶子大大的身体。第四步，在瓶子的脖子上钻个小孔，然后再瓶盖上也钻一个小孔。注意哦，瓶盖上的孔要和吸管一样粗，这样我们才能正好把吸管穿进去。最后，我们拧上瓶盖插入吸管，小号角就完成了。

只要对着吸管吹气，小号角就能发声了！这是为什么呢？这是因为振动会产生声音，瓶内气压反复变化引发气球反复振动，从而发出声响。

小朋友们，你们学会了吗？试着吹一吹，你们的号角声音嘹亮吗？

梦幻彩虹雨

实验目标

知道关于密度的基本知识，比如
油的密度小于水，会浮在水上；
色素的密度大于水，会下沉

游戏准备

不同颜色的色素、食用油、塑料杯、清水、
搅拌棒、玻璃杯

01 将色素滴入塑料杯里的食用油中。

02 用搅拌棒将食用油和色素搅拌均匀。

03 / 将混有色素的食用油倒入装有清水的玻璃杯中，稍等就可以看到彩虹雨了。

科学原理

混有色素的食用油倒入清水后，由于食用油的密度小于水的密度，食用油包裹着的色素浮于水面。静置一段时间后，由于色素密度大于水，就会开始下沉，于是形成了美丽的彩虹雨。

指 导 建 议

实验过程中，记得要将油和色素混合均匀，多搅拌几次。

教学脚本

教师：小朋友们好，欢迎大家来到趣味科学实验室，今天我们要做的实验是"梦幻彩虹雨"。

我们先来看看实验材料，有三种不同颜色的色素、食用油、塑料杯、清水、搅拌棒、透明玻璃瓶。

下面开始实验。第一步，将色素滴加到塑料杯里食用油中。第二步，用搅拌棒将食用油和色素搅拌均匀。第三步，将混有染料的食用油倒入装有水的玻璃瓶中。稍等片刻我们就能欣赏到美丽的彩虹雨了。

这种神奇的现象是因为混有色素的食用油倒入清水后，食用油的密度小于水的密度，食用油包裹着的色素浮于水面。静置一段时间后，由于色素密度大于水，就会开始下沉，于是形成了美丽的彩虹雨。

小朋友们，你们学会了吗？试着创造属于自己的彩虹雨吧！

图书在版编目（ＣＩＰ）数据

生活游戏.三年级/刘艳平，刘正波主编.－－南京：
南京大学出版社，2022.12
ISBN 978-7-305-26421-4

Ⅰ.①生… Ⅱ.①刘… ②刘… Ⅲ.①游戏课—小学
—教材 Ⅳ.① G624.81

中国版本图书馆 CIP 数据核字（2022）第 243600 号

出版发行　南京大学出版社
社　　址　南京市汉口路 22 号　　　邮　编 210093
出 版 人　金鑫荣

书　　名　生活游戏　三年级
主　　编　刘艳平　刘正波
责任编辑　丁　群

印　　刷　南京凯德印刷有限公司
开　　本　787×1092 1/16　印张 17.5　字数 200 千
版　　次　2022 年 12 月第 1 版　2022 年 12 月第 1 次印刷
书　　号　ISBN 978-7-305-26421-4
定　　价　86.00 元（含三册）

网址：http://www.njupco.com
官方微博：http://weibo.com/njupco
官方微信号：njupress
销售咨询热线：（025）83594756